E. LASSERRE

Est-ce à ou de ?

II. EXERCICES

SUR LES VERBES, ADJECTIFS ET LOCUTIONS
SE CONSTRUISANT AVEC UNE PRÉPOSITION

PAYOT · LAUSANNE

Diffusé en France par les Editions Payot Paris
106, bd St-Germain, Paris 6ᵉ

1986

DU MÊME AUTEUR

Est-ce à ou de ? I. RÉPERTOIRE des verbes, adjectifs et locutions se construisant avec une préposition, 7e édition, 1959, Payot Lausanne.

EN COLLABORATION AVEC J. GRANDJEAN

Etude du verbe. Enseignement pratique du français, 5e édition, 1955, Payot Lausanne.
Cours de langue française I, 6e édition, 1956, Georg & Cie, Genève.
Cours de langue française II, 5e édition, 1958, Georg & Cie, Genève.

© Editions Payot Lausanne 1960
ISBN 2-601-01279-X

EXERCICES

I. Ces exercices ont été conçus comme un entraînement à la pratique des expressions les plus usitées du *Répertoire* intitulé

Est-ce **à** ou **de** ?

II. Ils se prêtent particulièrement à l'étude individuelle. La disposition typographique adoptée permet en effet d'inscrire dans les espaces ménagés à l'intérieur de chaque phrase le mot à trouver. Le *Répertoire*, consulté ensuite comme moyen de contrôle, rend possible une autocorrection à la fois précise et efficace.

III. Dans le texte des exercices, on n'a tenu compte par avance ni des élisions, ni des contractions, ni d'éventuelles inversions de mots.

IV. Les phrases numérotées sont corrigées dans la *Clef* placée à la fin des *Exercices*.

A

1. *Ecrivez la* **préposition** *qui convient.*

Le député *abondait* .... promesses, mais *s'abouchait* .... de douteux personnages. Est-ce que ce chemin *aboutit* .... la ville ? Les chiens *aboient* volontiers .... les mendiants. Les bandits *ont abreuvé* leurs prisonniers .... insultes. Elle *s'absorbait* .... sa lecture et ne *s'apercevait* pas .... la chute du jour. Xantippe *accablait* Socrate .... reproches. Epuisé de fatigue, il *s'accota* .... un mur et s'endormit. Il est bon de *s'accoutumer* .... le travail, de *s'astreindre* .... une discipline. Robespierre *accusa* Danton ....modérantisme et le fit décapiter. A force de s'alcooliser, il *s'achemine* tout doucement .... la démence. N'*achèteriez*-vous pas quelque chose .... ce malheureux colporteur ? On n'irait pas bien loin si l'on *s'achoppait* .... le moindre obstacle. Sera-t-il en mesure de *s'acquitter* .... sa dette ? La vie n'est pas facile : *apprenons* .... nous *adapter* .... les circonstances. Elle *s'adonne* .... la peinture avec enthousiasme. Le sang *afflue* .... le cœur. Ne *vous alarmez* pas .... ces nouvelles. Ils *se sont alliés* .... leurs anciens adversaires. Le juge *a alloué* une indemnité

3

.... le plaignant. Le travail doit *alterner* .... le plaisir. Il *ambitionnait* .... remplacer le trésorier. Le peuple *s'est ameuté* .... celui qui fut son idole. Il ne faut jamais *s'apitoyer* .... son propre sort. .... qui *appartient* ce château ? Ne *vous appesantissez* pas .... les erreurs de vos adversaires, c'est de mauvaise tactique. Ce jeune homme est tellement *ambitieux* .... obtenir son doctorat qu'il *s'applique* de toutes ses forces .... son travail. Qui *appréhende* .... agir n'*aboutira* .... rien. Le touriste *s'apprêtait* .... passer la nuit sur le glacier lorsqu'il aperçut une caravane qui *s'approchait* .... son refuge. On avait beau l'appeler : on n'*arrivait* pas .... l'*arracher* .... sa lecture. Un bon dîner doit être *arrosé* .... un bon vin. La jeunesse *aspire* .... transformer le monde. Le cambrioleur *a asséné* un coup violent .... la servante qui l'avait surpris. Vous *avez assis* votre raisonnement .... des bases erronées. Qu'il est douloureux pour un peuple d'être *asservi* .... ses vainqueurs ! Vous *assignerez* .... chacun sa tâche. Il est le seul qui *ait assisté* .... la catastrophe et qui ait pu *apporter* de l'aide .... les malheureuses victimes. *Attachez-vous* fortement .... le bien. Devant l'épreuve, *armez-vous* .... courage au lieu de *vous attendrir* .... vous-même. Les adversaires du tyran voulaient *attenter* .... sa vie, mais sa prudence déjouait tous leurs complots. Cette mère *s'aveugle* .... les capacités de ses enfants ; ne devrait-on pas l'*avertir* .... son erreur ? Il *avait avoué* ses projets .... quelques-uns de ses amis.

2. *Mettez la* **préposition** *exigée par le sens.*

Attention ! n'*abusez* pas .... vos forces. Je *me suis abusé* .... votre compte : vous êtes pire que je ne croyais. Matériellement il *s'accommode* .... peu pourvu que, moralement, il soit satisfait. Il faut *accommoder* nos besoins .... nos circonstances. Ces deux frères ne *s'accordent* .... aucun sujet, et cependant ils *s'accordent* bien l'un .... l'autre. Il faut souvent *accorder* son propre diapason .... la voix des autres. Les fanatiques *s'acharnent* .... ceux qui ne pensent pas comme eux. Il *s'acharne* .... trouver la quadrature du cercle. Les chiens *s'acharnaient* .... le cerf aux abois. Je ne pourrai jamais *m'acquitter* .... vous .... tout ce que je vous dois. Raspoutine *était admis* .... la cour du tzar et même .... l'intimité de la famille impériale. Il *affectait* .... ne pas me voir. Le gouvernement *affectera* le revenu de cet impôt .... la lutte contre la tuberculose. Elle a été tellement *affectée* .... ces mauvaises nouvelles que nous avons dû appeler le médecin. Nous transporterons le blessé plus tard : *il s'agit* d'abord .... arrêter l'hémorragie. On dit que les orages *agissent* .... la végétation. Vous parliez avec animation ; .... quoi *s'agissait*-il ? *Aidez*-moi, je vous prie, ... soulever ce meuble. Son professeur *l'a aidé* .... ses conseils et .... sa recommandation. Pourquoi *allez*-vous toujours .... mes désirs ? Il n'aimait pas *aller* .... train, mais il *allait* partout .... motocyclette. *Acceptez* donc .... vous laisser opérer : *il y va* .... votre vie. Ne *vous amusez* pas .... votre camarade infirme, plaignez-le plutôt. L'enfant *s'amusait* .... enfiler des perles. Notre client n'accepte pas la sentence rendue ; il *en appellera* .... ce jugement. Elle *a été appelée* .... la présidence. Il *appelait* .... son bienfaiteur toutes les bénédictions du Ciel. Mon frère et moi ne parvenions pas à nous mettre d'accord : nous *en avons appelé* .... le jugement de notre père. Chacun *applaudit* .... votre décision. Je *m'applaudis* .... mon choix. Le vieillard *s'appuyait* .... sa canne. Les pompiers *appuyèrent* leur échelle .... la maison en flammes. Vous *avez appuyé* votre critique .... de faux renseignements. David *s'arma* .... une fronde pour lutter contre Goliath. Prenez votre fourrure : il faut *vous armer* .... le froid. Je *m'arrangerai* .... ce que vous pourrez m'offrir. Nous *nous sommes arrangés* .... partir dès demain. Il a réussi à *s'arranger* .... son adversaire. Ne *vous arrêtez* pas .... ces objections. Le maire *a arrêté* .... fermer cette route à la circulation pendant le passage des troupes. Nous *nous sommes assurés* .... le vol et l'incendie. Il *m'assura* .... sa fidélité. On envoya deux gendarmes pour *s'assurer* .... l'accusé. Elle *assura* .... sa mère qu'elle avait passé son examen. L'injustice règne dans ce monde : c'est à peine si l'on ose *s'assurer* .... son innocence. Il n'est pas facile d'*atteindre* .... la gloire. L'oculiste a découvert que *j'étais atteint* .... la cataracte. .... un tel étourdi, pouviez-vous *attendre* autre chose ? *J'attendais* pour vous écrire .... avoir reçu des nouvelles de nos amis. Je *m'attendais* .... la visite du médecin, mais il n'est pas apparu. Nous *nous attendions* .... votre arrivée. 1. En agissant ainsi, vous *attirerez* des ennuis .... la surveillante. 2. L'enfant cherchait à *attirer* l'attention .... lui. 3. Je me sens *attiré* .... les âmes fortes. L'auteur m'*a autorisé* .... traduire son livre. Il *s'est autorisé* .... mon retard.

3. *Trouvez l'***adjectif** *commençant par* **a** *qui convient au sens de la phrase* (RÉPERTOIRE p. 5 à 9).

4. On a de la peine à le trouver, il est souvent .... de son bureau. 5. Athalie s'étonnait d'être .... à la pitié. 6. Nous pouvions causer à travers la paroi, car sa chambre était .... à la mienne. 7. Ce cèdre est .... de deux cents ans. 8. Comme ces couleurs sont .... à regarder ! 9. Vous commencez à lire l'anglais ? prenez ce livre, il est .... à comprendre. 10. Soyez .... à rendre service. 11. La musaraigne est un petit animal très .... à la souris. 12. Mon ami est tellement .... dans ses opinions qu'on ne peut guère discuter avec lui. 13. L'Assemblée législative (1791) est .... à la Convention (1792). 14. Le nouveau règlement n'est pas .... aux plus jeunes élèves. 15. Cette jeune fille n'est pas bien forte ; croyez-vous qu'elle soit .... à devenir infirmière ? 16. La jeune femme se montrait .... auprès de son beau-père aveugle. 17. Ceci est important : soyez bien .... à mes paroles. 18. Cet employé est .... d'éloges : mais son patron est .... de louanges.

4. *Complétez les phrases suivantes au moyen d'une* **locution à valeur verbale** (RÉPERTOIRE p. 42 et 43).

19. Nous avons longtemps discuté de l'emploi de nos vacances ; enfin nous .... d'aller en Italie. 20. Comme je veux essayer du « camping », je vais .... d'une tente. 21. Le comité a lu votre lettre de démission et le président en .... 22. Les Athéniens .... de quelque nouvelle philosophie. 23. Ne craignez rien pour lui, il .... à se tirer d'affaire tout seul. 24. Cet enfant prend trop de libertés : il faudra lui .... 25. J'étais tellement outré que je .... à l'insulter. 26. Quand vous écrirez à votre fils, veuillez lui .... 27. Attendez

qu'il s'adresse à vous, ce n'est pas vous qui devez lui .... 28. Chacun cherchait à .... des circonstances. 29. Ne me demandez pas de participer à cette tromperie : j'ai trop .... pour le mensonge. 30. « Ma mère pense que je devrais accepter cette place. » « Votre mère a raison, je .... » 31. Ne vous décidez pas tout de suite, il vous faudrait encore .... d'une personne expérimentée.

B

5. *Ecrivez la* **préposition** *qui convient.*

On ne *badine* pas .... l'amour, a écrit Musset. Il est dangereux de *se baigner* .... les fleuves hantés des crocodiles. La petite orpheline *baignait* chaque soir son oreiller .... ses larmes. Cette offre est séduisante, ne *balancez* pas .... l'accepter. Combien est douloureux le sort des malheureux que l'on *a bannis* .... leur pays ! L'enfant *s'était barbouillé* la figure .... chocolat. .... quoi *vous basez*-vous pour affirmer une chose pareille ? Si vous *vous bercez* .... illusions, votre réveil sera rude. On ne peut que le *blâmer* .... sa conduite. Ma bonne mère *avait bourré* mon sac .... provisions. Le voleur *a braqué* son pistolet .... le jardinier qui l'a surpris, mais il *s'est borné* .... le menacer. Mon ami *a brisé* .... moi depuis que j'ai combattu ses idées politiques. Comme elle doit être désagréable ! elle *s'est brouillée* .... tous ses voisins. Je *brûle* .... faire un voyage en avion. Il ne s'agit pas de *se buter* .... ses adversaires, il faut les vaincre ou les convaincre.

6. *Trouvez l'***adjectif** *commençant par* **b** *qui convient* (Rép. p. 9 et 10).

1. Cette tisane est .... pour le rhumatisme. 2. Quand je lui ai demandé ce qu'il pensait de mon poème, il m'a répondu : « Franchement, il est .... à jeter au feu. » 3. On m'avait dit que le juge était .... d'importance, aussi ai-je été étonné de le trouver si .... à l'égard de ceux qui allaient à lui. 4. Depuis sa trahison, il était .... de remords. 5. Ses partisans paraissaient .... d'ardeur, mais ils se sont refroidis lorsqu'il a été question d'agir. 6. L'enfant s'avançait, les yeux tout .... de malice.

7. *Complétez les phrases suivantes par une* **locution à valeur verbale** (RÉPERTOIRE p. 43 et 44).

7. Pour ne pas réveiller le malade, il vous faut .... à la garde. 8. Vous devriez le remercier : il .... dans votre nomination. 9. Holà ! mon fils, je ne suis pas fière de votre conduite : on .... sur votre compte. 10. Souvent un simple sourire .... à ceux qu'on rencontre. 11. Mon opération m'a rendu la santé ; comme je .... d'avoir suivi le conseil de mon médecin ! 12. Quand je suis arrivée à mon poste, j'étais bien intimidée ; mais le chef me .... si aimablement que je me suis sentie tout encouragée. 13. Il était si furieux, qu'il a donné, sans motif, un coup de pied à son chien : il avait besoin de .... sur quelqu'un. 14. Les anciens croyaient qu'un aigle volant à leur droite leur ....

C

8. *Ecrivez la* **préposition** *qui convient.*

Calquer sa vie .... celle des autres, est-ce le meilleur art de vivre ? Vous *avez chargé* ce fonctionnaire .... une mission bien délicate. *Avez*-vous *choisi* .... partir ou .... rester ? Cela aurait été ridicule de *se choquer* .... si peu de chose. La destruction du temple de Diane à Éphèse *coïncida* .... la naissance d'Alexandre le Grand. Elle *a coloré* son refus .... un prétexte quelconque. En *combinant* de l'oxygène .... de l'hydrogène, on obtient de l'eau. La peine capitale *a été commuée* .... travaux forcés. Je vous *complimente* .... vos succès. N'allez pas *vous compromettre* .... cet homme taré. Ne me parlez pas, je *concentre* toute mon attention .... le problème que j'ai à résoudre. On ne peut toujours *concilier* ses propres intérêts .... ceux des autres. Son récit ne *concorde* pas .... celui de son adversaire. Les Danaïdes *furent condamnées* .... remplir un tonneau sans fond. L'Espagne *confine* .... la France. Rousseau voulut *conformer* sa conduite .... ses principes. Le juge a décidé de *confronter* l'accusé .... le principal témoin. Ce jeune homme *consacre* tout son temps libre .... sa vieille mère. Il *a* enfin *consenti*

.... me recevoir. Quand nous étions jeunes, nous *nous sommes constitués* .... société secrète. Vous devriez *consulter* le dictionnaire .... le vrai sens de ce mot. Ce sont souvent les gens les plus exigeants qui déclarent : « Je *me contente* .... fort peu. » Trop souvent nos actions *contrastent* .... la foi que nous professons. Votre présence *a* beaucoup *contribué* .... réconforter notre malade. Veuillez *couvrir* la table .... un tapis. Mon nouveau comptable était si différent de son prédécesseur que je *craignais* .... me *confier* .... lui, mais il a réussi à me *convaincre* .... sa sincérité. L'enfant allait être emporté par le courant lorsqu'il réussit à *se cramponner* .... une branche. Je ne *crois* pas .... l'efficacité de ce remède. La pauvre vieille *croupissait* .... la saleté.

9. *Mettez la* **préposition** *exigée par le sens.*

Un diplomate est souvent forcé de *cacher* ses pensées, même .... ses meilleurs amis. Le jeune Drouot *se cachait* .... sa mère pour étudier. Rien n'est plus agréable que de *causer* .... un homme intelligent. Ces personnes ne savent *causer* que .... la pluie et .... le beau temps. Votre fils est un excellent élève, il ne le *cède* .... rien .... ses camarades. *J'ai cédé* .... ses prières. Je m'en vais être obligée de *changer* .... domestique ; j'espère ne pas *changer* par là mon cheval borgne .... un aveugle. Dans sa frayeur, le pauvre enfant croyait voir les arbres *se changer* .... géants. Y a-t-il encore beaucoup de gens qui *chassent* .... le furet ? L'élève qui avait volé *a été chassé* .... l'école. Quand donc les hommes de tous pays seront-ils prêts à *collaborer* .... l'établissement d'une paix durable ? Pour que le traitement réussisse, il faut que votre volonté *collabore* .... celle de votre médecin. Hérodiade *commanda* .... sa fille Salomé .... exiger la tête de Jean-Baptiste. Partout et en toutes choses, il faut *commencer* .... l'A B C. Quand vous *commencerez* .... être indulgent envers les autres, vous deviendrez sévère pour vous-même. La terre pourra-t-elle jamais *communiquer* .... la planète Mars ? Je vous autorise à *communiquer* cette nouvelle .... votre famille. Arachné osa *se comparer* .... Minerve, mais elle en fut bien punie, car celle-ci la *changea* .... araignée. Plus je *compare* l'homme .... le chien, plus j'aime le chien. L'air s*e compose* .... oxygène, ... azote et

.... quelques autres gaz. Après la faillite, il fallut *composer* .... les créanciers. Nous ne *comprenons* rien .... votre conduite. Tous les prisonniers politiques *seront compris* .... l'amnistie. Le baromètre baisse : ne *comptez* pas .... le beau temps. Il a été assez chiche pour *compter* .... l'ouvrier ses quelques minutes de retard. Il *conclut* son discours .... un vibrant appel. Les juges *ont conclu* .... la peine de mort. *J'ai conclu* .... son silence qu'il était d'accord. Il *s'est confessé* .... ses parents .... toutes ses fautes cachées. 1. Le véritable chrétien *se confie* .... son Dieu. 2. Le paysan *confie* sa semence .... la terre. Ne *confondez* pas le sel .... sucre. Le courtisan *se confondit* .... protestations de dévouement. 3. Napoléon *se connaissait* .... hommes. 4. *Vous connaissez*-vous .... la peinture ? 5. Il *est connu* .... son avarice. Au lieu de la secourir, la fourmi *conseilla* .... la cigale .... se mettre à danser. 6. Toute notre dignité, a dit Pascal, *consiste* .... la pensée. 7. Sa fortune ne *consiste* que .... quelques titres sans valeur. 8. Le vrai bonheur *consiste*, non .... recevoir, mais .... donner. Cette propriété *conviendrait* bien .... mon oncle. Nous *avons convenu* .... partir à trois heures du matin. Les alchimistes prétendaient pouvoir *convertir* certains métaux .... or. *J'ai* longtemps *correspondu* .... lui, dans l'espoir de le *convertir* .... mes idées. Votre récit ne *correspond* pas .... la réalité. Notre chien *courait* .... tous les chats qu'il apercevait. Ils *courent* .... leur père avec des cris de joie (MUSSET). 9. *Criez* .... votre sœur qu'on l'appelle au téléphone. 10. Cette ménagère *criait* sans cesse .... ses enfants. 11. Les contribuables *crient* .... les dépenses du gouvernement.

10. *Ecrivez la* **préposition** *qui convient.*

Ulysse était particulièrement *cher* .... Minerve. 12. L'enfant demeurait *collé* .... la porte et ne voulait pas avancer. 13. L'écriteau était *collé* .... la porte. 14. Il est resté toute la journée *collé* .... ses documents. C'est une maison *commode* .... habiter. Vous trouverez cet outil *commode* .... le jardinage. Quels sont les caractères *communs* .... toutes les races aryennes ? Le chat, si différent du chien à tant d'égards, a ceci de *commun* .... lui qu'il est l'hôte de nos demeures. Une telle attitude ne serait pas *compatible* .... votre dignité de citoyen. Il est vrai que je suis *compétent* .... matière de législation, mais je ne le suis pas .... décider lequel de vous a raison. 15. Cet enfant est peu *complaisant* .... ses camarades. 16. Ma sœur était trop *complaisante* .... son fils ; il abusait de sa bonté. Il faut, jusqu'à un certain point, être *confiant* .... ses propres capacités. Nous avons été *consternés* .... apprendre que vous aviez échoué. Votre manière de faire semble plutôt *contraire* .... vos principes que *conséquente* .... ce que vous avez toujours proclamé. Croyez-vous que cet homme puisse vraiment être *coupable* .... un tel crime ? La pente était *couverte* .... glace, en sorte que nous glissions à chaque pas.

11. *Complétez les phrases suivantes au moyen d'une* **locution à valeur verbale** (RÉPERTOIRE p. 44 à 46).

17. La mégère invectivait le tribunal, mais le juge lui .... 18. Taisez-vous donc ! vous me .... avec vos plaintes perpétuelles. 19. Notre champion vient de partir ; prenez vite cette rue et peut-être .... de le rattraper. 20. Elle a essayé de lui faire croire qu'elle avait de bonnes intentions, mais elle n'a pas réussi à .... 21. Il commence à voir ses erreurs ; peut-être il .... du repentir. 22. Nous avons voulu téléphoner à notre succursale du Brésil, mais nous n'avons pu .... avec elle. 23. Faites entrer le visiteur au salon et, en attendant que je puisse le recevoir, veuillez lui .... 24. Je ne comprends rien à la conduite de mon ami, et je vais lui .... de ses agissements. 25. Mon caissier m'a trompé d'une manière indigne ; dès demain, je lui .... 26. Soyez très prudent ; vous aurez à .... au régisseur de toutes vos démarches. 27. Il paraît qu'elle était déjà bien malade lors de notre dernière visite, mais nous ne .... de son état. 28. Votre demande est arrivée trop tard pour que le président puisse en .... 29. Il vaut mieux que ma tante ne rentre pas seule par ces mauvais chemins, je vais lui .... 30. Ce négociant m'a toujours dit la vérité ; vous pouvez lui .... 31. Ne sachant quelle décision prendre, je vais ....

.... à mon frère. 32. Les élèves que j'ai eus cette année étaient très indisciplinés ; aussi m'en ont-ils .... 33. Ce jeune homme va bien souvent chez vous ; ne pensez-vous pas qu'il .... à votre fille ? 34. Il nous arrivera aujourd'hui un nouveau commis ; vous voudrez bien le .... des habitudes de la maison. 35. « Connaissez-vous les détails du procès ? » « Oui, je .... de toute l'affaire. »

12. *Complétez les phrases suivantes par une* **locution à valeur prépositive** (RÉPERTOIRE p. 60).

1. Nous avons pris l'avion .... arriver à temps. 2. La ville d'Avignon est située .... Marseille. 3. Faites ce sacrifice .... votre mère. 4. Louis XIV n'avait guère .... lui que des courtisans prêts à le flatter. 5. Il est tombé .... sa monture. 6. Nous sommes accourus en entendant ses cris, et nous l'avons trouvé .... l'escalier. 7. Vous trouverez la maison que vous cherchez .... cette route. 8. C'est extraordinaire : nous sommes .... l'été et nous n'avons encore que de la pluie et du froid ! 9. Ces réfugiés ont erré longtemps sans trouver d'abri et, ... malheur, on leur a volé le peu d'argent qu'ils avaient pu emporter. 10. Cette plante reprendra .... être arrosée chaque jour. 11. .... vos promesses, je veux bien vous reprendre à mon service. 12. Certaines peuplades païennes estiment dangereux qu'un homme marche .... sa femme. 13. Ses hérédités paternelles sont excellentes, mais .... la mère, il y a des cas de tuberculose. 14. Dans les écoles du bon vieux temps, les maîtres faisaient pénétrer, ... bâton, leur science dans la cervelle des enfants. 15. Tartufe s'est introduit chez Orgon .... la religion.

D

13. *Ecrivez la* **préposition** *qui convient.*

Il semblait que les éléments *se fussent déchaînés* .... nous. Nous *avions déconseillé* .... notre ami .... *s'embarquer* dans cette affaire, lorsqu'il *s'était découvert* .... nous .... son projet ; il n'a pas voulu nous écouter, et maintenant il ne cesse de

déblatérer .... ses associés. Tout le monde le *décourageait* ....
poursuivre ses études, mais il a persisté et réussi. .... qui pensez-
vous *dédier* votre livre ? Auriez-vous vraiment l'intention de *vous
dédire* .... votre promesse ? L'assurance l'*a dédommagé* ....
tous ses frais. Les gens qui ne vivent pas en accord avec leurs principes nous *dégoûtent* .... ces principes eux-mêmes. Le loup de la
fable essaya de *se déguiser* .... berger. Après sa longue réclusion,
il *se délectait* .... contempler les fleurs de son jardin. Le conseil
des ministres *a délibéré* toute la nuit .... les mesures à prendre.
Malgré les injures et les cris, l'orateur ne *s'est* pas *départi* un instant
.... son calme, en sorte qu'il *n'a dérogé* en rien .... sa dignité.
L'enfant *dépend* .... ses parents ou .... son tuteur jusqu'à
sa majorité. Le roi Lear *se désista* .... son pouvoir en faveur
de ses deux méchantes filles. Les carpillons de la fable *désobéirent*
.... leur mère, quittèrent le lit de la rivière et perdirent la vie.
Je *destine* cette somme .... l'achat d'un poste de radio. Ce temps
maussade *déteint* .... notre humeur. Jamais les astres ne *dévient*
.... leur orbite. L'un des complices *a dévoilé* le complot ....
son ami et celui-ci les *a dénoncés* .... la police. L'avocat *a dicté*
dix lettres de suite .... sa sténographe. Cette femme *s'était*
entièrement *dévouée* .... son mari, mais quand elle a découvert
le fond de son caractère, elle *s'est* peu à peu *détachée* .... lui.
Les juges *ont disculpé* l'officier .... la trahison dont on l'accusait.
Les tyrans ne se contentent pas de *disposer* .... la vie de leurs
sujets, ils veulent encore *dominer* .... leurs consciences. Nous
avons tout fait pour le *dissuader* .... partir, mais sans succès.
Il faut savoir *distinguer* les champignons comestibles .... les
vénéneux. Elle *se distrait* .... ses soucis en allant au cinéma.
Si vous voulez *vous documenter* .... la vie des abeilles, lisez
l'ouvrage de Maeterlinck. La nature *avait doté* Léonard de Vinci
.... les dons les plus divers.

14. *Mettez la* **préposition** *exigée par le sens.*

Plusieurs grandes tragédiennes *ont débuté* .... « La Dame
aux Camélias ». Cet écrivain *a débuté* .... un volume de vers
que personne ne lit. 1. Nous *avons décidé* .... partir demain.
2. Nous *avons décidé* notre mère .... se laisser opérer. 3. « *Avez-*

vous *décidé* .... votre avenir ? » « Oui, je *me suis décidé* ....
étudier la médecine. » 4. Au dernier concours hippique, je *me suis décidé* .... Boy et j'ai perdu. Il *a déclaré* ...... son associé qu'il ne voulait pas de cette combinaison malhonnête. Lorsque Napoléon revint de l'île d'Elbe, plusieurs de ses anciens régiments, au lieu de le combattre, *se déclarèrent* .... lui. 5. Le chêne disait au roseau : « Si vous poussiez plus près de moi, je vous *défendrais* .... l'orage. » 6. Le roseau répondit qu'il pouvait, mieux que le chêne, *se défendre* .... la tempête. 7. Le juge *a défendu* .... l'accusé .... communiquer avec ses complices. 8. Il *s'est défendu* avec éloquence .... avoir trempé dans le complot. Tu m'as battu au tennis, mais je te *défie* .... le football. Il est plus honteux de *se défier* .... ses amis que d'en être trompé, a dit La Bruyère. Je vous *défie* .... deviner cette énigme. Cette race *a dégénéré* .... son ancienne valeur. La querelle *dégénéra* bientôt .... une véritable bataille. En abdiquant, le tzar Nicolas II *délégua* ses pouvoirs .... le gouvernement provisoire. On *délégua* .... le prince un de ses meilleurs amis, mais il refusa de le recevoir. Le maître *demanda* .... ses élèves .... relater leur excursion. *Demandez* la route .... ce piéton. L'élève qu'on avait renvoyé *a demandé* .... rentrer. Napoléon *avait dépêché* .... Grouchy l'ordre de le soutenir. *Dépêchez-vous* .... partir avant l'orage. *Il me déplaît* .... être au service d'une personne si exigeante. La Fontaine *déplut* .... Louis XIV à cause de sa fidélité à Fouquet. *N'en déplaise* .... Madame, je lui donne mon congé. Notre voisin s'est blessé à la main afin de *se dérober* .... ses obligations militaires. Prométhée *déroba* .... Jupiter le feu du ciel. La Vierge Marie *descendait* .... le roi David. Quoi ! je pourrais *descendre* .... ce lâche artifice ! (CORNEILLE). Le gouvernement *se devait* .... intervenir. *Devez*-vous encore de l'argent .... vos fournisseurs ? Si c'est le cas, ne tardez pas à vous acquitter envers eux. Je connais un journaliste qui *déverse* toute sa bile .... la feuille qu'il rédige. Quand le contremaître a reçu des reproches, il *déverse* son mécontentement .... ses ouvriers. Que *dites*-vous .... notre nouveau professeur ? Vous *direz* .... Madame que je ne serai pas là ce soir. Veuillez *dire* .... la concierge .... allumer le feu. Je ne *disconviens* pas .... la justesse de vos arguments.

Ces propositions *ont disconvenu* .... tous les créanciers. Le gouvernement *a dispensé* des sommes importantes .... les divers hôpitaux de la ville. On *l'a dispensé* .... le service militaire à cause de son accident. Je *me disposais* .... sortir quand l'orage a éclaté. Mon fils compte vous aider à déménager ; vous *disposerez* .... lui comme vous l'entendrez. 9. Ce garçon *se dispute* .... sa sœur et cependant ces deux enfants sont inséparables. 10. Marsyas crut pouvoir *le disputer* .... talent musical .... Apollon lui-même. 11. On peut *disputer* .... la signification d'un fait, mais on ne doit pas *disputer* .... le fait lui-même. 12. Il *a disputé* le prix .... meilleur coureur de l'endroit. 13. Ces malheureux étaient tellement entourés d'espions qu'ils étaient obligés de *dissimuler* .... tout le monde. 14. Il est dur de devoir *dissimuler* .... son entourage ses sentiments les plus profonds. 15. Des sociétés de bienfaisance *ont distribué* de la soupe .... les chômeurs. 16. Elle *a distribué* tous ses bijoux .... ses enfants. Comment le peuple romain pouvait-il *se divertir* .... les combats de gladiateurs ? Il faudrait *divertir* ce malade .... ses idées noires. Veuillez *diviser* cette somme .... cinq parts. Le père *divisa* son bien .... ses deux fils. 17. Il voulait nous *donner* du cuivre .... de l'or pur. 18. Je lui *ai donné* un mandat .... porter à la poste. 19. Ma chambre *donne* .... un parc ravissant. 20. Il *a donné* .... le piège qu'on lui tendait. 21. C'est .... Vénus que Pâris *donna* la pomme. 22. Le vaisseau *a donné* .... un écueil. 23. Elle *se donna* tout entière .... sa tâche. Qui *se serait douté* en 1914 .... la catastrophe qui approchait ? Je *doute* .... l'honnêteté de ce marchand.

15. *Complétez les phrases suivantes par un* **verbe** *commençant par* **d.**

24. Vous êtes bien chargée, Madame ; ne puis-je vous .... d'un de vos paquets ? 25. On l'a .... de la Légion d'honneur. 26. En réponse à sa réclamation, on le .... de la moitié de ses impôts. 27. Chaque année, le 6 décembre, leur père .... en saint Nicolas. 28. La nouvelle que la guerre était évitée nous .... de nos angoisses. 29. N'étant plus d'accord avec mon comité, je me suis décidé à .... de mes fonctions. 30. Jusqu'à

ce que votre voyage soit terminé, vous ferez bien de ne pas ....de votre argent ni de vos provisions. 31. Après les dix ans qu'il a passés dans la brousse, il .... du confort et de la civilisation. 32. Cet élève a un cerveau si obtus que je ....de lui apprendre le latin. 33. Il .... de tous ses biens en faveur de ses enfants, et il a fini dans la misère. 34. Nous avons cherché à le .... de s'enrôler dans la légion étrangère, mais il n'a rien voulu écouter et maintenant il déplore son coup de tête. 35. On éduque un enfant, mais on .... un animal.

16. *Trouvez un* **adjectif** *commençant par* **d** (RÉP. p. 14 à 17).

36. Le rapport des inspecteurs est .... à cet employé ; il recevra sans doute son congé. 37. Les réfugiés étaient .... de tout ; il a fallu les nourrir et les habiller. 38. Le déchargement des sacs de charbon me paraît un travail bien .... à faire. 39. N'acceptez pas ce marché, il vous serait trop .... 40. Ne puis-je rien faire pour vous ? Je suis si .... de vous aider. 41. Le pauvre homme ! il est .... du désir de voyager, et il ne peut marcher qu'avec des béquilles. 42. Les ailes du papillon étaient .... des plus belles couleurs. 43. Les paysages de la Hollande sont très .... de ceux de la Suisse. 44. Cette énigme est bien .... à deviner. 45. Le dévouement de Pasteur est .... de toute admiration. 46. Les comptes du ménage doivent être .... de ceux qui concernent la propriété. 47. Je croyais que les chiens étaient toujours .... à la voix de leur maître. 48. Comme il doit être .... pour une mère d'assister à l'opération de son enfant !

17. *Complétez les phrases suivantes par une* **locution à valeur verbale** (RÉPERTOIRE p. 46 et 47).

49. On lui adresse tant de compliments qu'elle .... de s'enorgueillir. 50. Ne me retenez pas ; mon père m'attend et je ne voudrais pas lui .... 51. Comment ! vous entendez ces injustes accusations et vous n'avez pas le courage de .... de votre ami ! 52. Ce problème est terriblement difficile,

je vous .... d'en trouver la solution du premier coup. 53. Pour obtenir ce laissez-passer, il faut .... auprès du consul. 54. Mon père vient de mourir et je pars à l'instant même pour lui .... 55. Ce jeune fat ignore les employés de son père quand il les rencontre ; il .... de les saluer. 56. J'étais allé voir le ministre pour lui présenter ma requête, mais je ne lui en ai pas soufflé mot car je me suis rendu compte qu'il ne .... pas de m'écouter. 57. Cette mégère est d'humeur belliqueuse, elle .... à tous ses voisins. 58. Les Suisses étaient connus pour ne jamais .... à l'ennemi. 59. Je suis bien tourmenté car je commence à .... sur l'honnêteté de mon fondé de pouvoir. 60. Ces gens ne pourront se tirer d'affaire sans votre concours ; n'acceptez donc pas leurs mesquines propositions, vous êtes en droit de leur .... 61. L'arbitre estime que vous ....à une indemnité. 62. Comme vous êtes aimable de .... à ma demande avec tant de bienveillance ! 63. Quand un gentleman sort avec une dame, il prend soin de lui ....

E

18. *Ecrivez la* **préposition** *qui convient.*

Que de gens *échangent* leur cheval borgne .... un aveugle ! La mère *s'effrayait* .... les visées ambitieuses de son fils. Il *s'égosillait* .... crier, personne ne l'entendait. Cette nouvelle *émane* .... le ministère des affaires étrangères. Il y a des politiciens qui trouvent moyen d'*émarger* .... tous les budgets. Les égouts de notre propriété *s'embranchent* .... ceux de la ville. Le soleil semblait *émerger* .... le sein des eaux. On avait beau le surveiller, on ne pouvait *empêcher* l'enfant .... *s'échapper* .... le jardin. Ne vous mêlez pas de cette affaire ; ce serait *empiéter* .... les droits de votre collègue. Les Danaïdes étaient condamnées à *emplir* .... eau un tonneau sans fond. Le jeune garçon *fut encadré* .... une patrouille d'éclaireurs. Tout le monde désirait obtenir ce tableau et chaque offre *enchérissait* .... la précédente. Ses parents l'*encourageaient* .... étudier la médecine. L'esprit *s'engourdit* .... la paresse. Je n'osais m'approcher de l'amiral, mais il me fit un signe et je *m'enhardis* .... lui adresser mes félicitations. N'*enlève* pas .... les gens les opinions qui les rendent heureux si tu ne peux pas leur en donner de meilleures (LAVATER). Placé au fond de la salle, il *enrageait* .... ne pouvoir bien saisir les paroles des orateurs. Que de jeunes gens ont amèrement regretté de *s'être enrôlés* .... la légion étrangère ! On *ente* les rosiers .... des églantiers. La marquise de Rambouillet *s'entourait* .... hommes d'esprit et de talent. L'enfant ne pouvait se calmer : ses paroles *étaient entrecoupées* .... sanglots. Jupiter *s'est épris* successivement .... plusieurs mortelles. Cette réponse *équivaut* .... un refus. Quoique piètre musicien lui-même, il *s'érige* .... critique de tous les concerts qui se donnent dans la ville et il *épilogue* à perte de vue .... chaque artiste ; je *m'étonne* .... voir qu'on prend ses dires au sérieux et j'ai envie de *m'étendre* à mon tour .... son insuffisance. Bossuet *s'évertua*, de tout son pouvoir, ... développer son royal élève ; il l'*exhortait* .... s'inspirer des leçons de l'histoire et *exigeait* .... lui un travail approfondi. Par suite de son accident, ce jeune homme *sera exempté* .... le service militaire. Je ne saurais *m'extasier* .... les exploits des gangsters.

19. *Mettez la* **préposition** *exigée par le sens.*

Que faire pour *échapper* .... un chien qui veut vous mordre ? Ulysse recourut à un habile stratagème pour *s'échapper* .... l'antre du cyclope. Il faudrait *écrire* .... la mère .... revenir tout de suite. Nous sourions aujourd'hui des lettres extravagantes que Voiture *écrivait* .... ses amis. Le souvenir de nos joies *s'efface* trop vite .... nos mémoires. La savante Mme Curie était toujours prête à *s'effacer* .... son mari. Tâchez d'*effacer* ce mauvais souvenir .... vos pensées. 1. Etes-vous ému par la colère, *efforcez-vous* .... distraire votre esprit de l'objet qui l'a excitée. 2. Si les hommes *s'efforçaient* seulement .... faire le moins de mal possible, le monde en irait déjà mieux. Il ne faut pas *égaler* le courage .... la témérité. Cette infirmière est admirable ; on ne saurait l'*égaler* .... patience et .... bonté. Les ménagères *se sont élevées* .... les nouveaux impôts. On l'*a élevé* .... la présidence. Les dégâts *s'élevèrent* .... plusieurs milliers de francs. Envoyez-moi ce pauvre chômeur, je l'*emploierai* .... un travail quelconque. Sauvez ce malheureux, *employez-vous* .... lui (COR-NEILLE). Nous sommes très fiers de ce que, lors du dernier match, notre équipe *l'a emporté* .... nos adversaires. Pour un rien, ce père *s'emporte* .... ses enfants. Il *s'est emporté* .... des paroles outrageantes. Si vous *vous empressez* .... faire vos devoirs, vous aurez ensuite le temps de jouer. *Empressez-vous* .... faire le bien. 3. La lune *emprunte* sa lumière .... le soleil. 4. Ce jeune homme *emprunte* de l'argent .... tous ses amis. Vous devriez *enclore* votre jardin .... une haie. Les anciens faubourgs *sont* maintenant *enclos* .... la ville. Plusieurs de nos jeunes pacifistes ont consenti à *s'engager*, mais seulement .... les troupes sanitaires. Le tailleur *s'est engagé* .... me livrer mon costume avant mon départ. Vous devriez *engager* votre amie .... entrer dans notre société chorale. Léonard de Vinci *enseignait* la peinture .... ses élèves, mais il ne pouvait leur transmettre son génie. C'est moi qui *ai enseigné* .... lire .... tous mes enfants. Vous devriez *vous entendre* .... votre comité avant de répondre à cette attaque. Michel-Ange *s'entendait* .... peinture aussi bien que .... sculpture. Ces garnements *s'entendent* .... faire toutes sortes de farces. Je *n'entends* rien .... la politique et je m'en félicite. Vous n'auriez pas dû *entraîner* cette jeune fille .... une telle compagnie. Je *m'entraîne* .... faire du ski chez un professeur pour pouvoir me lancer bientôt sur les pentes de nos montagnes. Cet acteur *entre* bien .... l'esprit de ses rôles. J'*entre* .... une humeur noire, ... un chagrin profond, quand je vois vivre entre eux les hommes comme ils font (MOLIÈRE). « Je vous ai vu hier *vous entretenir* .... l'ambassadeur. » « Oui, nous avions à *nous entretenir* .... un projet de convention. » Le ministre *a entretenu* la reine .... les menaces de grève. Cet enfant est très craintif : il faut l'*envelopper* .... tendresse. On *enveloppe* le chocolat .... un papier métallique pour le préserver de l'humidité. Si vous veillez jour et nuit votre malade, vous *vous épuiserez* .... la tâche. Cette pauvre mère *s'épuise* .... reproches, mais son fils ne veut rien entendre. Je *suis éreinté* .... avoir tant couru. Notre voisine *s'éreinte* .... laver son linge elle-même. *Espérant* .... Dieu, le jeune David osa s'attaquer au géant Goliath. Il vous a trompé, mais pouviez-vous *espérer* autre chose .... un tel individu ?

Nous gagnerions plus à nous laisser voir tels que nous sommes que d'*essayer* .... paraître ce que nous ne sommes pas (LA ROCHEFOUCAULD). La couturière *essaie* une robe .... sa cliente. Il *s'est essayé* .... tous les métiers. J'ai chassé toute la journée, je n'ai point vu de gibier et j'*en suis* .... mes peines. Non, l'avenir n'*est* .... personne, Sire, l'avenir *est* .... Dieu (V. HUGO). Ces montres *sont* .... fabrication suisse. Faites donc plus attention, vous n'*êtes* pas .... votre affaire. L'orateur a fini son discours ; maintenant *c'est* .... vous .... parler. Ce ne *serait* pas .... vous, mais .... votre frère .... soulever ce gros coffre ; ne saurait-il *éviter* cette fatigue .... sa sœur ? Si vous rentrez tard, *évitez* .... faire le moindre bruit de peur de réveiller nos hôtes. Ce professeur *excelle* .... présenter les mathématiques sous une forme attrayante. Paul Valéry *excelle* .... prose aussi bien que .... poésie. Les fakirs *exercent* leurs organes .... ne plus sentir la douleur. Il *exerce* une excellente influence .... tout son entourage. Je *me suis expliqué* .... mon associé et nous avons repris confiance l'un dans l'autre. Le jeune homme a été sommé de *s'expliquer* .... sa conduite. Je ne voudrais pas *m'exposer* .... vous déplaire. C'est *exposer* votre fille .... de bien grandes tentations que de la lancer dans cette compagnie. Donnez-moi votre bras : je *suis exténué* .... fatigue. Les pompiers *s'exténuaient* en vain .... lutter contre les flammes.

20. *Complétez les phrases suivantes par un* **verbe** *commençant par* e.

5. Quand elle découvrit son enfant mort sous les décombres, la pauvre femme .... en sanglots. 6. Ne vous .... pas de mon déguisement, je vais vous en expliquer le but. 7. Ce monsieur a donné sa démission ; il faudra .... son nom de la liste des membres. 8. Veuillez .... mon verre d'eau fraîche : j'ai une soif dévorante. 9. Ce malade .... tout son entourage de ses plaintes perpétuelles. 10. Chaque voyage .... notre esprit de nouvelles visions et de nouveaux contacts. 11. Elle .... son récit de tant de larmes que je ne parvenais pas à la comprendre. 12. Déjanire .... à Hercule la tunique

envenimée du centaure Nessus. 13. Allez donc vous-même chercher le charbon à la cave afin de .... cette fatigue à votre mère. 14. Si cet enfant persiste à déranger ses camarades, on sera obligé de le .... de la classe. 15. Je .... d'avoir oublié votre message. 16. Veuillez me permettre de vous .... toute ma sympathie.

21. *Trouvez un* **adjectif** *commençant par* **e** (RÉPERTOIRE p. 17 à 21).

17. Nous étions .... de la saleté qui régnait dans cette chambre. 18. En arrivant dans notre appartement moderne, la jeune campagnarde a été .... de tout le confort qu'elle y découvrait. 19. Reste-t-il encore des pays où les femmes ne soient pas .... aux mêmes fonctions que les hommes ? 20. Vous vous êtes trompé dans votre calcul, mon enfant ; la surface de ce carré n'est pas .... à celle de ce rectangle. 21. Télémaque avait trop de candeur pour être .... à la défiance (FÉNELON). 22. Ce livre serait parfait s'il n'était .... de plusieurs fautes d'impression. 23 Ne fît-on que des épingles, il faut être .... de son métier pour y exceller (DIDEROT). 24. N'avez-vous pas été .... de l'habileté de ce jongleur ? 25. Ne soyez pas .... des talents d'autrui. 26. Une foule de gens sont .... de leurs craintes. 27. Ce tableau n'a pas été .... à sa valeur. 28. La police se méfie du concierge qui ne doit point être .... à cette vilaine affaire. 29. Ces vers sont .... d'art et d'esprit. 30. Un honnête homme est toujours .... à payer ses fournisseurs. 31. Aucun de nous n'est .... de défauts, mais aucun de nous n'est .... de ne pas chercher à s'en corriger. 32. Il paraît que ce cambrioleur était .... à forcer les serrures. 33. Je crois que vous êtes .... dans l'art de l'aquarelle ; voulez-vous me donner quelques conseils à ce sujet ?

22. *Complétez les phrases suivantes par une* **locution à valeur verbale** (RÉPERTOIRE p. 47).

34. Vous voyez combien votre mère est fatiguée ; ne pourriez-vous .... de lui aider un peu ? 35. Cet homme est

tellement imbu de sa supériorité qu'il ne .... avec personne. 36. Vous avez un si petit appartement que je craindrais, en acceptant votre invitation, de vous .... 37. Vous qui .... chez notre grand artiste, ne pourriez-vous me présenter à lui ? je .... de le connaître. 38. Il fait si chaud que je .... de manger une glace. 39. En décrivant votre beau voyage, vous .... à ce pauvre aveugle qui ne pourra jamais rien voir. 40. Veuillez .... à votre cousine, je ne voudrais pas qu'elle rentrât seule chez elle. 41. Vous pourrez vous tapir dans cet abri ; il .... du feu. 42. Montez sans crainte dans mon avion, Madame, il .... d'affronter la pire des tempêtes. 43. Ce sont les dépenses exagérées de cet agent d'affaires qui .... à la police. 44. Il est tellement orgueilleux qu'on n'a jamais pu le décider à .... à son adversaire. 45. Comment peut-elle se laisser aller ainsi à la paresse ? ne saurait-elle .... sur sa vaillante mère qui travaille du matin au soir ? 46. Vous avez des insomnies ? essayez de ce remède : je .... de son efficacité. 47. Depuis quelque temps, mon collaborateur était en froid avec moi ; j'ai décidé de .... avec lui, nous nous sommes très bien entendus et nous avons résolu de .... sur tous nos griefs.

F

23. *Ecrivez la* **préposition** *qui convient.*

Avant de juger cet enfant, laissons-le *se familiariser* .... son entourage. Tous les hommes *feignent* .... aimer la vérité (LAMENNAIS). Nous lui avons écrit pour le *féliciter* .... son succès. Je lui ai demandé une obole pour ma collecte, mais il n'a pas voulu *se fendre* même .... quelques sous. Le père Grandet mourut en *fixant* les yeux .... son or. Je *me flatte* .... lui faire entendre raison. Les monts Oural *foisonnent* .... métaux précieux. Le taureau *a foncé* .... les touristes. Ces nuages menaçants vont bientôt *fondre* .... tempête. Je ne saurais *me formaliser* .... si peu de chose. Nous l'avons *fortifié* .... ses bonnes résolutions. Cette traduction *fourmille* .... fautes, il faut la refaire. Certaines marchandises *sont frappées* .... une taxe très élevée au passage de la frontière. Le jour de Noël, les soldats *ont fraternisé* .... ceux du camp opposé. Le voyageur *fulminait* .... les douaniers, mais ceux-ci ne *se sont* pas *froissés* .... ses protestations.

24. *Mettez la* **préposition** *exigée par le sens.*

Le célèbre clown Grock racontait qu'il pouvait *se fâcher* .... certaines personnes au point de voir rouge. M. Jourdain *se fâchait* .... le retard de son tailleur. La vie nous apprend à *nous faire* .... toutes les circonstances. Un chrétien doit *faire* du bien même .... un ennemi. Nous *ne faisons que* .... arriver. Elle est si adroite qu'elle *fait* une jolie robe .... n'importe quelle étoffe. S'il m'échappait un mot, *c'est fait* .... votre vie (RACINE). Il a du talent, mais il *se fatigue* vite .... l'effort. Je *me fatiguerais* .... te tracer le cours des outrages cruels qu'il me fait tous les jours (BOILEAU). 1. Il faut *fermer* son cœur .... toute pensée de rancune. 2. Le rat de la fable *ferma* sa porte .... ceux qui étaient venus lui demander une aumône légère. 3. A Waterloo, Napoléon *se fiait* .... le secours de Grouchy, dont l'inertie demeure inexplicable. 4. Ne *vous fiez* pas .... cet homme, il n'est pas sûr. 5. Toute jeune, Sarah Bernhardt *figurait* déjà .... la scène, et l'on s'émerveille du nombre de pièces .... lesquelles elle *a figuré* au cours de sa vie. 6. Les Egyptiens *figuraient* l'année .... un serpent qui se mord la queue. *Auras-tu* bientôt *fini* .... faire ce bruit ? Elle *a fini* .... céder. D'après les renseignements que j'ai reçus, je *suis fondé* .... croire que ces actions vont monter. Vaut-il mieux *fonder* sa maison .... le roc ou .... le sable ? Il faudrait le *forcer* .... se reposer. Devant cet obstacle imprévu, le cheval *a été forcé* .... reculer. Les éclaireurs *se forment* .... patrouilles. Il faudrait *former* cet enfant .... la politesse. Le Canada *fournit* du blé .... l'Europe. On *avait fourni* les explorateurs .... toutes les provisions nécessaires. Qui vous a demandé de *fourrer* votre nez .... mes affaires ? Son manteau *était fourré* .... hermine. Il *s'est fourré* .... une fâcheuse position. Le guide *fraya* le chemin .... les ascensionnistes en taillant des marches dans le glacier. Dans certains pays, les Blancs se refusent encore à *frayer* .... les gens de couleur.

25. *Ecrivez la* **préposition** *qui convient.*

Il faut être *familier* .... ses inférieurs sans cependant se mettre à leur niveau. Ce musicien est *fanatique* .... Chopin. L'expédition de Napoléon en Russie fut *fatale* .... son armée. Le temps est-il *favorable* .... mettre à la voile ? L'année dernière a été *féconde* .... événements. Il se croyait *ferré* .... la géographie et pourtant il a manqué son examen. 7. Ce jeune homme est *fort* .... le tennis, mais il est *fort* aussi .... histoire. 8. *Fort* .... son innocence, il se présenta sans crainte devant les juges. 9. Vous, vous êtes *fort* .... vous moquer, mais pas .... autre chose. Racine était *furieux* .... les juges qui lui avaient fait perdre son procès. Achille était *furieux* .... la manière dont Agamemnon l'avait traité.

26. *Trouvez un* **adjectif** *commençant par* f (RÉPERTOIRE p. 21 et 22).

10. Vous ne trouvez pas le mot de l'énigme ? il est pourtant .... à deviner. 11. Comme elle ressemble à sa mère ! elle a tous les gestes qui lui étaient .... 12. Les plaines de la Beauce sont .... en blé. 13. Pour rester .... à sa parole, Régulus retourna à Carthage malgré les supplices qui l'y attendaient. 14. La mère des Gracques, Cornélie, était à juste titre .... de ses fils. 15. Dorine, parlant de son maître, disait : Il est .... de Tartufe ; c'est son tout, son héros. 16. L'audacieuse tentative de cet aviateur lui a été ....

27. *Complétez les phrases suivantes par une* **locution à valeur verbale** (RÉPERTOIRE p. 47 et 48).

17. Ma sœur s'occupe avec tendresse de tous ses enfants mais je crois bien qu'elle .... pour son cadet. 18. Comme je n'ai pu entendre le début de vos délibérations, je vous serais reconnaissant de bien vouloir me .... de la question. 19. J'espère que les ouvriers ne vont pas .... à ma locataire ; elle les attend avec impatience pour une réparation urgente. 20. S'il faut .... sur les principes, il faut avoir de la souplesse quant à leur mise en pratique. 21. Vous devriez .... à votre apprenti : il arrive toujours en retard. 22. Celui qui .... au temple d'Ephèse cherchait à se

faire un nom dans l'histoire. 23. D'après ce que vient de me dire le ministre, je .... à penser que votre nomination est assurée ; vous .... de secrétaire. 24. Je ne crois pas qu'elle .... à transporter ce malade. 25. Les invités se regardaient sans rien dire ; c'est la maîtresse de maison qui a dû .... de la conversation. 26. Peu de despotes savent .... à leur ambition. 27. Je ne saurais chanter avec mon accompagnatrice habituelle : je .... avec cette femme. 28. En 1914, les Belges ont décidé de .... à l'ennemi plutôt que de laisser envahir leur pays sans résistance. 29. Lorsque ce négociant a fait de mauvaises affaires dans la journée, le soir il .... sur sa famille.

G, H

28. *Ecrivez la* **préposition** *qui convient.*

Pour que ce cactus puisse croître, *gardez*-le bien .... le froid. Toutes les fenêtres étaient *garnies* .... fleurs. On *gave* les dindes .... châtaignes pour les engraisser. Il est difficile de la soigner car elle *se gendarme* .... tout ce que son médecin lui ordonne. L'Angleterre *se glorifie* .... avoir vaincu Napoléon. Tartufe se permettait de *gloser* .... chacun des membres de la famille d'Orgon. Après *avoir goûté* .... tous les plaisirs de ce monde, l'Ecclésiaste s'est dégoûté de tout. La nature *gratifia* Goethe .... tous les dons : génie, beauté, richesse, honneurs et longévité. On *greffe* des pêchers .... des amandiers. Il *a grevé* son domaine .... grosses hypothèques. L'orateur *se grisait* .... les ovations du public. Le sage *guérit* .... l'ambition par l'ambition elle-même.

Les enfants *harcelaient* leur mère .... questions. La maison, si agreste, *s'harmonisait* .... le paysage. Louis XIV n'avait pas cinq ans lorsqu'il *hérita* .... le trône. Le docteur *hésite* .... tenter l'opération à cause de la faiblesse du malade. Les courtisans du roi *s'honoraient* .... ses moindres attentions.

29. *Mettez la* **préposition** *exigée par le sens.*

1. Elle *a gagné* son mari .... ses idées sociales. 2. J'*avais gagné* .... lui qu'il aimerait la vie (CORNEILLE). 3. Les manteaux

de fourrure *garantissent* .... le froid. 4. La vaccine *garantit* .... la petite vérole. 5. Il *a garanti* .... ses créanciers le remboursement de toutes ses dettes. 6. Le blessé *gémissait* .... douleur. 7. A quoi bon *gémir* .... son destin puisqu'on ne peut le changer ? 8. Le peuple *gémissait* .... être soumis à de si dures lois. Voici l'épitaphe qui *a été gravée* .... une pierre tombale : « Ci-gît M. N..., charcutier ; sa femme inconsolable continue son commerce. » Plusieurs paroles de l'Evangile *se sont gravées* .... ma mémoire et me soutiennent à l'heure de l'épreuve. Les garçons *s'habillèrent* .... armaillis pour la fête. Il *s'habillait* .... haillons pour faire croire à sa pauvreté, mais après sa mort, on trouva une fortune dans sa paillasse. 9. On *hasarde* .... perdre en voulant trop gagner (LA FONTAINE). 10. Lorsqu'elles virent le chat Rodilard pendu au plafond, les souris *se hasardèrent* .... sortir de leur trou. Le navire *a heurté* .... un récif et a coulé. Le général *se heurta* .... une résistance désespérée.

30. *Trouvez un* **adjectif** *commençant par* **g** *ou par* **h** (RÉP. p. 23 et 24).

11. Je me porte .... de son honnêteté. 12. Les jeunes soldats étaient .... de marcher sous un tel chef. 13. Vous n'avez guère été .... envers l'ouvrier qui est venu à votre secours ; vous auriez pu lui donner quelque chose de plus qu'une cigarette. 14. La reine s'est montrée fort .... pour ses hôtes. 15. Je rapporterai du chocolat à mes enfants ; ils en sont très .... 16. Toute illusion est .... d'une déception.

17. C'est un traître qui n'est .... qu'à m'offenser (RACINE). 18. Renard, le goupil, était .... au loup, son rival, et se montrait fort .... à le duper. 19. Si la cigogne de La Fontaine était .... d'avoir trouvé moyen de se venger du renard, celui-ci fut terriblement .... de s'être laissé jouer.

31. *Complétez les phrases suivantes par une* **locution à valeur verbale** (RÉPERTOIRE p. 48 et 49).

20. C'est moi qui ai eu toute la peine, mais c'est elle qui .... de la réussite de notre affaire. 21. Ma sœur a dû divorcer,

mais elle .... des enfants. 22. Cette mère croit son fils à l'abri ; .... de la détromper. 23. Quelle histoire impossible me racontez-vous là ! vous voulez donc me .... 24. Les bandits s'étaient emparés de tous les biens des voyageurs, mais on leur .... et chacun a repris ce qui lui appartenait. 25. La reine .... au roi Edouard III pour les six bourgeois de Calais qu'il voulait livrer au bourreau. 26. Il a été si bon pour moi que je .... à lui refuser ce service.

27. Vous devriez .... de faire chaque matin un peu de gymnastique. 28. Les étudiants des deux partis se battaient avec tant de violence que la police a dû .... à ce combat de rue. 29. Je n'ai pas encore vu le gouverneur depuis son arrivée, mais je vais sans tarder lui .... 30. Vous pouvez compter sur lui : il a toujours .... à sa parole. 31. La comtesse étant souffrante, c'est sa fille qui nous .... du château. 32. Quoi ! vous pourriez révéler sa retraite ! vous ne pas .... de trahir votre bienfaiteur ! 33. Cette malade réclame constamment la visite de ses amies ; la solitude lui ....

I

32. *Ecrivez la* **préposition** *qui convient.*

Il faut souvent sortir de soi-même et *s'identifier* .... l'humeur des autres (Mme NECKER). Vous *imbiberez* une compresse .... cette lotion, puis vous l'appliquerez sur la contusion. Gardez-vous de *vous immiscer* .... les affaires de vos voisins. Que de pauvres petits enfants *ont été* autrefois *immolés* .... Baal ! Il est bien heureux que l'on puisse maintenant nous *immuniser* .... la petite vérole. Les premières impressions qui *s'implantent* .... l'esprit d'un enfant *influent* parfois .... toute sa vie. Le capitaine Dreyfus *fut impliqué* .... une affaire de haute trahison. Ce malade *importune* .... ses plaintes tous ceux qui l'approchent. Des agents provocateurs *ont incité* les ouvriers .... faire grève. C'est .... vous qu'*incombe* le devoir de porter cette pénible nouvelle. L'automobiliste fautif vous *indemnisera* .... tous vos frais. Le professeur *a indiqué* .... ses étudiants les livres qu'ils devaient consulter. Ces mesures *ont indisposé* les paysans .... le gouvernement. Il y a des personnes qui n'ont aucune affection pour leurs semblables mais qui peuvent *s'infatuer* .... un chien ou .... un chat. Il n'a voulu *s'inféoder* .... aucun parti. L'eau *s'infiltrait* peu à peu .... le bateau ; notre perte paraissait certaine. Vous êtes un impertinent de *vous ingérer* .... les affaires d'autrui (MOLIÈRE). Les sorciers *initient* leurs adeptes .... leurs pratiques secrètes. La figure de la fillette *était inondée* .... larmes. Ne *nous inquiétons* pas .... le lendemain ; à chaque jour suffit sa peine. Vous ferez bien de ne pas trop *insister* .... ce point. Si les peuples vaincus ne sont pas traités avec humanité et compréhension, ils ne manqueront pas de *s'insurger* un jour .... leurs vainqueurs. On *a interroge* le souverain .... ses projets, mais il n'a pas voulu répondre. Il ne faut *intervenir* qu'avec la plus grande discrétion .... les querelles des autres, car à *s'interposer* .... deux adversaires, on risque de les *indisposer* tous les deux .... soi. Les sœurs de Cendrillon étaient fières *d'avoir été invitées* .... le bal du roi.

33. *Mettez la* **préposition** *exigée par le sens.*

Le pape Jules II *s'impatientait* .... voir le résultat des travaux de Michel-Ange dans la chapelle Sixtine. Un maître ne doit jamais *s'impatienter* .... un élève qui ne comprend pas. Napoléon *s'impatientait* .... les objections qu'il devinait dans l'esprit de ses généraux. Rien n'*importe* .... l'égoïste que sa propre satisfaction. Caton ne cessait de répéter qu'il *importait* .... détruire Carthage. Pourquoi les vainqueurs *imposent*-ils .... les vaincus leur langue et leurs coutumes ? L'aveuglement d'Orgon obligea sa femme à *en imposer* .... Tartufe. Les concurrents *imprimaient* .... leurs voitures une vitesse de plus en plus vertigineuse. Le souvenir de cette catastrophe *s'est imprimé* pour toujours .... ma mémoire. Il ne faut *imputer* mon silence que .... mon peu de loisir (BOSSUET). Nos superbes vainqueurs *insultant* .... nos larmes *imputaient* .... leurs dieux le bonheur de leurs armes (RACINE). On *imputera* ces frais .... le solde de l'hoirie. 1. Ces jeunes gens *ont été incorporés* .... les troupes sanitaires. 2. Les Espagnols sont une race d'Arabes, de Carthaginois, de Visigoths, etc., qui *s'est incorporée*

.... les habitants du pays (VOLTAIRE). 3. Les citoyens d'Albe, *incorporés* .... la ville victorieuse, l'agrandirent et la fortifièrent (BOSSUET). Le temple *était incrusté* .... marbre. On *a incrusté* des mosaïques .... le pavé de certaines églises d'Italie. C'est la crédulité d'Orgon qui l'*a induit* .... recueillir Tartufe chez lui. Il voulait m'*induire* .... erreur, mais je ne me suis pas laissé prendre. Quoique ses disciples l'*eussent informé* .... le danger qui le menaçait, Socrate ne voulut pas prendre la fuite. Le chef de la conspiration étant mort, le magistrat estima plus sage de ne pas .... *informer* ses partisans. Si vous n'avez pas de mémoire, *inscrivez* tout .... votre carnet. Certains alpinistes s'amusent à *inscrire* leurs noms .... les rochers. On a *insinué* .... notre organiste qu'il était temps pour lui de se retirer, mais il fait la sourde oreille. Alceste, le misanthrope, *s'indignait* .... ce que son infâme adversaire eût réussi à *s'insinuer* .... la meilleure société. Un musicien peut *s'inspirer* .... ses devanciers, même en composant une œuvre originale. C'est l'amour de la liberté qui *inspirait* .... nos troupes une telle ardeur. Vous me feriez plaisir en m'*instruisant* .... vos nouvelles. Moïse *fut instruit* .... les sciences et la sagesse des Egyptiens. Abraham *intercéda* .... l'Eternel .... les villes de la plaine. Mahomet *a interdit* .... ses disciples .... boire de l'alcool. 4. Après l'avoir fait passer par tous les rouages de son usine, le chef *a intéressé* son fils .... son affaire. 5. Ce professeur a le don d'*intéresser* ses élèves .... les questions les plus ardues. Puisque vous êtes lié avec le gouverneur, auriez-vous la bonté de m'*introduire* .... lui ? On l'*a introduit* par force .... une société secrète. Thésée *s'irrita* si violemment .... son fils Hippolyte qu'il appela sur lui la vengeance de Neptune. Les gens autoritaires *s'irritent* souvent .... la plus légère contradiction.

34. *Trouvez un* **adjectif** *commençant par* i (RÉPERTOIRE p. 24 à 26).

6. La surface d'un carré peut être .... à celle d'un rectangle. 7. Cette mère est .... de son enfant. 8. Entouré de flatteurs et de courtisans, comment Louis XIV n'aurait-il pas été .... de sa supériorité ? 9. Il était tellement .... de partir qu'il n'a pris congé de personne. 10. Le goudron est .... à l'eau. 11. Il y a des sons

.... à notre ouïe. 12. Andromaque se définissait en ces termes : « Captive, toujours triste, ... à moi-même. » 13. Cette erreur n'est pas .... à l'auteur, mais à l'imprimeur. 14. Les hommes .... au service des armes ne sont employés qu'à l'arrière. 15. Est-il possible que des peuples voisins restent toujours .... de s'entendre ? 16. La véritable charité est .... avec l'égoïsme. 17. Cet homme est .... d'avoir été .... dans un complot qu'il réprouve ; il n'en est pas moins en prison .... de trahison. 18. Pour rester .... des circonstances, il nous faut être .... à notre confort. 19. J'ai vendu mon chien parce qu'il était .... à mes ordres. 20. Un capitaine serait .... de quitter son navire en détresse avant d'avoir assuré le salut de tous ses passagers. 21. Les montagnes de la Calabre ont été longtemps .... de brigands. 22. Régulus retourna à Carthage plutôt que d'être .... à sa parole. 23. Comme nous sommes souvent .... envers les savants dont les travaux ont amélioré nos conditions d'existence ! 24. Le désir du bonheur est .... à la nature humaine. 25. Il avait les yeux .... de sang. 26. Beaucoup de Français ne voulaient pas croire que Dreyfus fût .... du crime dont on l'accusait et restaient .... à toutes les preuves en sa faveur. 27. Les frères siamois étaient .... l'un de l'autre. 28. Les petits enfants devraient tous pouvoir vivre .... du lendemain. 29. J'ai le privilège de pouvoir être si .... avec ma femme qu'elle partage avec moi toutes mes difficultés. 30. Des millions d'étoiles sont .... à l'œil nu. 31. Achille était .... aux traits, sauf au talon. 32. Alexandre prétendait être .... de Jupiter. 33. Le jeune homme est accouru, ... de joie, auprès de sa mère pour lui annoncer la réussite de ses examens.

35. *Mettez la* **préposition** *exigée par le sens.*

Pourquoi faut-il que, si souvent, les vainqueurs soient *impitoyables* .... leurs adversaires ? Ce meuble est *incommode* .... transporter. Je suis trop *incompétent* .... droit ....

pouvoir vous servir d'arbitre. Soyons *indulgents* .... les autres, mais non pas .... nous-mêmes. Vous êtes trop *indulgente* .... la paresse de vos élèves. Mozart n'est certes pas *inférieur* .... Beethoven. Quoiqu'elle fût très *inférieure* .... nombre, l'armée des Spartiates tint longtemps en échec les troupes de Xerxès. Il resta *inflexible* .... toutes mes instances. Brutus fut *inflexible* .... ses fils coupables, et les condamna à mort. 34. Que les Athéniens furent *injustes* .... Socrate! 35. Vous êtes *injuste* .... cet écrivain ; il écrit mieux que vous ne le dites. 36. Si une mère a un faible pour un de ses enfants, elle risque d'être *injuste* .... les autres. Nous sommes *inquiets* .... l'issue de notre procès. Il est *inquiet* .... ne pas recevoir de nouvelles.

36. *Complétez les phrases suivantes par une* **locution à valeur verbale** (Répertoire p. 50).

37. Mon neveu rêve de s'engager dans la légion étrangère ; on .... d'une chose pareille ? 38. Cette dame .... avec tous ses voisins car elle cherche toujours à leur rendre service. 39. En temps de guerre on soupçonne facilement les gens de .... avec l'ennemi. 40. Le juge .... à connaître tous les antécédents de l'accusé. 41. Ma tante .... à mes études musicales et me fait jouer un morceau chaque fois que je vais la voir. 42. Quand les gendarmes lui ont demandé ses papiers, il .... contre eux.

37. *Complétez les phrases suivantes par une* **locution à valeur prépositive** (Répertoire p. 61).

1. Pour les Français, le Béarn est .... les Pyrénées, mais pour les Espagnols, il est .... ces montagnes. 2. Le genou est .... et le pied est .... le mollet. 3. Rome se fera craindre .... le tonnerre (Corneille). 4. La femme allait à pied et son mari se prélassait sur un âne .... la lassitude de sa compagne. 5. Il n'a aucune prévention .... les gens de couleur. 6. Versailles est situé .... Paris. 7. Les cygnes sont blancs, ... ceux qu'on trouve en

Australie, dont le plumage est noir. 8. Elle a fait un testament .... son chat. 9. Il croyait avoir trouvé un trésor, mais .... le sac, il n'y avait que des cailloux. 10. Pendant que vous visiterez l'Exposition, vous pourrez laisser vos enfants .... les nurses diplômées engagées à cet effet. 11. Montez sur un tabouret : le carton se trouve tout .... l'armoire. 12. Pour assurer du repos à notre malade, nous avons envoyé tous les enfants .... la maison. 13. Pour avoir voulu agir .... sa directrice, cette jeune fille s'est attiré de grosses difficultés. 14. Il n'a pas dit cela .... vous blesser.

J, L

38. *Ecrivez la* **préposition** *qui convient.*

D'un coup de pied, Pégase fit *jaillir* .... le sol la fontaine de l'Hippocrène. *Joins* Sabine .... Camille et ta femme .... ta sœur (CORNEILLE). .... la dépouille de nos bois, l'automne *avait jonché* la terre. Cet acrobate *jongle* .... les difficultés.

Les femmes de Bethléem *se lamentèrent* .... leurs enfants massacrés par Hérode. Plusieurs citoyens de notre ville *ont légué* .... l'Etat leurs belles propriétés. Harpagon *lésinait* même .... la nourriture de ses chevaux. Pour l'attirer dans ses serres, cet avocat indélicat le *leurrait* .... magnifiques promesses. Les habitants ont dû *livrer* toutes les armes .... les vainqueurs. On ne peut trop *louer* ce héros .... avoir osé tenir tête à l'oppresseur. Nous *avons loué* notre garage .... un étranger de passage.

39. *Mettez la* **préposition** *exigée par le sens.*

Nos enfants vont chaque jour au bord du lac *jeter* du pain .... les cygnes. Le lion *se jeta* .... l'homme et lui laboura le dos de ses griffes. 1. Les enfants des missionnaires *jouent* .... les petits indigènes sans faire attention à la couleur de leur peau. 2. Tu *joueras* d'abord .... ton violon, puis tu pourras aller *jouer* .... le tennis. 3. Le renard de La Fontaine *se joua* .... le corbeau. 4. Mon père lui montra qu'il *se jouait* .... plus fort que lui (FÉNE-

LON). *Avez*-vous *joui* .... votre voyage ? Il *jouit* .... une belle fortune. 5. Comment pouvez-vous *juger* .... de simples ouï-dire .... une affaire aussi délicate ? Ce bouquet vert *jure* abominablement .... le bleu de votre robe. Annibal *jura* .... son père .... vouer une haine éternelle aux Romains. Cet officier a réussi à se *justifier* .... les accusations portées contre lui. L'accusé a été invité à *justifier* .... l'emploi de son temps le jour du crime.

J'ai laissé mes bijoux .... la garde de mon banquier. Ce millionnaire *a laissé* de belles sommes .... les œuvres de bienfaisance. Elle s'est enfuie avec un soldat, *laissant* ses enfants .... son mari. Je *ne laissais pas* .... compter avec plaisir l'argent que j'avais dans mes poches (LESAGE). Voilà nos gens rejoints ; et je *laisse* .... juger de combien de plaisirs ils payèrent leurs peines (LA FONTAINE). Nous *languissons* .... avoir de vos nouvelles. Je *languis* .... les jours de poste (Mme DE SÉVIGNÉ). Vous auriez dû *lier* cette phrase .... celle qui précède au lieu de les séparer. Jonathan *se lia* .... David d'une étroite amitié. En 1815, l'Europe *se ligua* .... Napoléon et, en 1914, la Grande-Bretagne *se ligua* .... la France pour repousser les Allemands. 6. C'est folie de *lutter* .... sa destinée (P.-L. COURIER). 7. Cet homme *a lutté* .... le champion de boxe afin de s'entraîner.

40. *Trouvez un* **adjectif** *commençant par* j *ou par* l (RÉP. p. 26 et 27).

8. Ne soyez point .... du succès des autres (FÉNELON). 9. Vous êtes bien .... à comprendre, je suis .... de vous répéter toujours les mêmes choses. 10. Il est .... de promesses, mais .... à les tenir. 11. Il vous est .... de refuser cette demande ; n'êtes-vous pas .... de vos mouvements ?

41. *Complétez les phrases suivantes par une* **locution à valeur verbale** (RÉPERTOIRE p. 50 et 51).

12. Cette porte ne s'ouvre pas bien ; mettez-y de l'huile pour lui .... ! 13. Vous croyez que cette paroi de rochers est inaccessible ? je .... de vous prouver le contraire. 14. C'est Agrippine qui .... à Néron. 15. Je me suis enfermé dans mon bureau pendant toute la journée pour travailler

en paix, et maintenant je .... de toute ma comptabilité. 16. J'ai découvert que mon chauffeur me volait, aussi n'ai-je pas hésité à lui .... 17. Comment pourrais-je .... sur cette affaire ? je n'en connais que quelques détails.

18. On m'a offert une place dans un bureau d'assurances ; avant de me décider je tiens à .... avec le directeur. 19. Ce gamin n'a de respect pour personne : son maître avait à peine tourné le dos qu'il lui .... ; il aurait besoin que quelqu'un lui .... 20. Comment se fait-il que vous arriviez si tard ? il me semble que vous .... avec le règlement. 21. Cette mesure impopulaire .... à quelques émeutes. 22. Elle est orpheline depuis sa naissance, mais sa tante lui .... de mère. 23. Ce jeune homme a fréquenté les maisons de jeu jusqu'à ce qu'il .... de toute sa fortune ; actuellement, il a le gousset vide et cependant il .... de s'amender. 24. Ce doit être une grande satisfaction pour un juriste d'arriver à .... sur une affaire qui semblait très obscure.

M

42. *Ecrivez la* **préposition** *qui convient.*

On peut fabriquer une excellente liqueur de ménage en faisant *macérer* des noix vertes .... de l'eau-de-vie. Condé *manifesta* une grande clémence .... tous les soldats qui se rendirent à lui. Pour pouvoir *se marier* .... Marie-Louise, Napoléon répudia Joséphine. A quoi bon *maugréer* .... la pluie ? elle n'en tombera pas moins. Persuadé qu'on en voulait à son argent, Harpagon *se méfiait* .... tout le monde. Si vous *mélangez* du jaune .... du bleu, quelle couleur obtiendrez-vous ? On me *menace*, si je ne sors d'ici, ... me bailler cent coups (MOLIÈRE). Le noble Jean Huss n'*avait* pas *mérité* .... mourir sur un bûcher. Les hommes sont enclins à *mésuser* .... les biens que la nature met à leur portée. Circé *métamorphosa* .... pourceaux les compagnons d'Ulysse. La Turquie a modelé son code pénal .... celui de la Suisse. La véritable éloquence *se moque* .... l'éloquence (PASCAL).

43. *Mettez la* **préposition** *exigée par le sens.*

J'ai manqué .... tomber. Les assiégés *manquaient* .... tout, même .... pain. C'est *manquer* .... un vieillard debout dans un tramway que de ne pas lui céder sa place. En négligeant de rendre vos devoirs au gouverneur de la colonie, vous *avez manqué* .... toutes les règles de la politesse. Louis XIV *marqua* .... Mme de Sévigné une aimable attention. Le visage de notre cuisinière *est marqué* .... la petite vérole. Nous *méditons* .... faire un voyage en Orient. J.-J. Rousseau conseillait de lire peu, mais de *méditer* .... ce qu'on avait lu. 1. La Saône *mêle* ses eaux .... celles du Rhône. 2. Un bon pédagogue *mêle* quelque encouragement .... les reproches qu'il est obligé d'exprimer. 3. Vous n'auriez pas dû *mêler* mon nom .... cette histoire. 4. Ceux qui *se mêlent* .... donner des préceptes s'estiment plus habiles que ceux auxquels ils les donnent (DESCARTES). 5. Nous *nous mêlâmes* .... la foule qui suivait le cortège. 6. *Mêlez-vous* .... vos affaires et non pas .... les miennes. 7. Je n'ai trouvé que pleurs *mêlés* .... emportements (RACINE). 8. Comme il est fâcheux que vous vous trouviez *mêlé* .... ce complot ! La satire *ment* .... les gens de lettres pendant leur vie, et l'éloge ment après leur mort (VOLTAIRE). *J'ai menti* .... le juge, déclara l'accusé à son avocat, mais à vous je dirai la vérité. 9. Vous êtes sûrement le fils de Monsieur V. ; on ne peut *se méprendre* .... une telle ressemblance. 10. Elle *s'est méprise* .... nos intentions. Les chevaliers aimaient à *se mesurer* .... leurs rivaux en champ clos. Je *mesure* son ignorance .... sa vanité. Quand les gendarmes voulurent intervenir, les manifestants *se mirent* .... les injurier. Nous *avons mis* notre fillette .... l'école enfantine. Si vous le *mettez* .... la politique, il ne s'arrêtera plus. Les frais *se montent* .... trois cents francs. Il était capitaine, il *est monté* .... le grade de colonel. La jeune fille tenait à *se monter* .... en linge avant de se marier. Il *montre* .... les plus hardis .... braver le danger (RACINE). Elle a *montré* ses dessins .... le professeur, qui l'a chaudement encouragée.

44. *Ecrivez la* **préposition** *qui convient.*

Ma tante est si *malheureuse* .... le départ de son fils qu'elle en est *malade* .... chagrin. Ce coffre est *malaisé* .... transporter. Ce vieil avare est *malveillant* .... ses serviteurs. Je suis bien *marrie* .... vous avoir fait attendre. On dit que les épinards sont *mauvais* .... le rhumatisme. Le docteur est *mécontent* .... son client qui n'est pas assez *ménager* .... ses forces. Une telle action serait *mortelle* .... votre réputation. O cité, *mûre* .... ta ruine ! (CHATEAUBRIAND). Ils sont extrêmement *mortifiés* .... n'avoir pas passé leurs examens.

45. *Ecrivez la* **préposition** *qui convient.*

C'est elle qui *a la haute main* ....notre société. Après la lutte, le vainqueur *a tendu la main* ....son adversaire. Autrefois, les maîtres d'école se permettaient de *lever la main* .... leurs élèves. Les gendarmes ont réussi à *mettre la main* .... le cambrioleur. Il faudra que je *mette la main* .... ces nettoyages, sans quoi ils n'en finiront pas. Je me garderai bien de *porter la main* .... la personne du prince (DE SACY). Si vous n'*aviez* pas *prêté main-forte*.............. les pompiers, l'incendie aurait gagné les immeubles voisins. Richelieu envoya un capucin à la diète pour *lier les mains* .... l'empereur dans les affaires d'Italie (VOLTAIRE). Le renard de la fable *était passé maître* .... fait de tromperies. « Vous *êtes mal venu* .... vous plaindre ; n'est-ce pas vous qui avez insisté pour choisir ce métier ? » « Oui, mais mon contremaître *est mal disposé* .... moi. » La campagne de Russie *porta malheur* .... Napoléon. Devant l'obstination d'Orgon, sa femme se vit obligée de *faire poser le masque* .... Tartufe. Elle *fait métier* .... troubler les familles. Adressez-vous à lui, il *est au mieux* .... le chef du département. L'enfant *faisait la mine* .... son docteur sans se douter que celui-ci lui avait sauvé la vie ; mais le médecin *faisait mine* .... ne pas s'en apercevoir. Pendant notre promenade, nous *avons fait ample moisson* .... fraises et .... framboises. Je vous prie de *ne pas souffler mot* .... ma femme .... cette surprise.

46. *Complétez les phrases suivantes par une* **locution à valeur verbale** (RÉPERTOIRE p. 51 à 52).

11. Mon propriétaire n'accorde pas volontiers les réparations, même les plus urgentes ; aussi ai-je souvent .... avec lui. 12. Nous avons travaillé tard dans la nuit pour achever

le costume commandé pour aujourd'hui ; je n'ai plus qu'à y .... 13. Notre adversaire n'a pas voulu .... à un arrangement, il a fallu recourir aux tribunaux. 14. Saül aima mieux se tuer que de .... des Philistins. 15. Napoléon Bonaparte partit de rien et parvint à .... de la France et même d'une partie de l'Europe. 16. La gelée .... aux arbres fruitiers. 17. Caresse bien doucement le bébé : tu ne voudrais pas .... à ton petit frère. 18. Il est parti sans même .... à ceux qui l'avaient hébergé. 19. L'amarre s'étant rompue, notre bateau fut emporté et nous nous trouvâmes .... du vent et des flots. 20. Le Sénat proclama que Cicéron .... de la patrie. 21. Le tailleur a prié la directrice de l'atelier de .... à sa cliente. 22. Le général .... pour se mettre à l'abri de toute surprise. 23. Je suis allée chez mon voisin pour lui présenter mon carnet de collecte, mais il me .... et ne m'a rien donné. 24. Ces gens sont dans une situation désespérée, il faut absolument .... de les secourir. 25. Il .... de me procurer cette place.

N, O

47. *Ecrivez la* **préposition** *qui convient.*

Nous *nageons* .... l'incertitude, nous avons très peu d'idées claires (VOLTAIRE). Il faudra *nantir* l'avocat .... tous les documents nécessaires. Vous *avez négligé* .... écrire à votre frère, ce qui l'a beaucoup peiné. Deux généraux ont été envoyés pour *négocier* un armistice .... l'ennemi. Il *a été nommé* .... la vice-présidence. Dans certaines contrées, les paysans *se nourrissent* en hiver .... châtaignes et .... maïs.

Il faut que le vote soit libre : l'électeur ne doit *obéir* que .... sa conscience (P. JANET). On *objectait* .... Galilée de nombreux arguments pour le convaincre que c'était bien le soleil qui tournait autour de la terre. Que faudrait-il faire pour *obvier* .... cet inconvénient ? Les anciens se faisaient *oindre* .... parfums au sortir du bain. On l'*a opéré* .... la cataracte. Allez, mais sur tout autre *opinez* .... la paix (ROTROU). Mᵐᵉ de Marbœuf *s'opiniâtre* ....

ne voir aucun médecin (Mme DE SÉVIGNÉ). Après s'être renseigné sur le jeune homme, le père cessa de *s'opposer* .... le mariage de sa fille. Vous *avez oublié* .... me laisser votre adresse.

48. *Trouvez la* **préposition** *exigée par le sens.*

Nous avons trouvé l'enfant *noyé* .... pleurs. Il y a des gens qui *se noieraient* .... un verre d'eau. Pourquoi l'*obligez*-vous .... renoncer à ses études ? Je *suis* très *obligée* .... Mme S. d'avoir si souvent invité mon fils. Il *a été obligé* .... partir au plus vite. Mon emprunteur *s'est obligé* .... me rendre la somme à la fin du mois. Elle *a obtenu* .... le tribunal sa mise en liberté provisoire. J'*ai obtenu* .... passer la nuit à l'hôpital avec ma mère. On *occupe* les aveugles .... faire de la vannerie. Ne vous tourmentez pas : je *m'occupe* .... votre affaire. Louis XVI *offrit* .... Marie-Antoinette le domaine de Trianon. J'*ai offert* .... lui aider, mais elle n'a pas accepté. Vous voulez faire cette excursion ? je *m'offre* .... vous conduire. A sa majorité, ce jeune homme *a opté* .... le pays de sa mère. Quel est le héros de l'antiquité qui fut invité à *opter* .... le vice et la vertu ? Si j'*ôte* cinq .... huit, que restera-t-il, mes enfants ? *Otez* .... cette vache sa cloche, elle refusera d'aller au pâturage. Mon âme *s'ouvrait* .... la magie des sons. Ma sœur *s'est ouverte* .... nos parents .... sa vocation.

49. *Ecrivez la* **préposition** *qui convient.*

Il est *naturel* .... l'homme d'aimer la vie des bienheureux (BOURDALOUE). Le texte était *net* .... toute faute de copiste. 1. Il est *nuisible* .... la santé de beaucoup fumer. 2. Cette lumière, trop forte, est *nuisible* .... la vue. La compagnie, *obérée* .... dettes, a dû déposer son bilan. Le dictateur s'est rendu *odieux* .... tout son peuple. Me voilà malheureux dans mon bonheur, chose fort *ordinaire* .... nous autres hommes (VOLTAIRE).

50. *Complétez les phrases suivantes par un* **adjectif** *commençant par* **n** *ou par* **o** (RÉPERTOIRE p. 28 et 29).

3. Saint Paul était .... de Tarse en Cilicie. 4. Je suis .... de vous faire faux-bond. 5. La respiration est .... à la vie. 6. Il est encore ....

.... en l'art de commander. 7. Moïse, ... à l'ordre divin, se présenta devant Pharaon. 8. Ce jeune artiste excite la sympathie car il ne se montre pas du tout .... de ses succès. 9. .... de tous ses devoirs, cette mère dénaturée ne songe qu'à s'amuser hors de chez elle ; comment ne serait-on pas .... d'une telle conduite ?

51. *Complétez les phrases suivantes par une* **locution à valeur verbale** (RÉPERTOIRE p. 52 et 53).

10. Pour pouvoir désintéresser mes créanciers, je .... de vendre une partie de mon mobilier. 11. Fermez donc la radio : cette musique bruyante me .... 12. Une maîtresse de maison doit parfois .... dans ses armoires pour s'assurer que tout est en ordre. 13. Ce professeur pérore inlassablement sans s'assurer s'il .... avec ses élèves. 14. Les enfants s'amusaient tellement que lorsqu'on .... de les rappeler, ils n'ont pas voulu s'arrêter et .... à toutes les objurgations. 15. J'aurais aimé faire sa connaissance et je regrette de ne pas .... de le rencontrer. 16. La Fontaine était trop libre en ses propos pour .... auprès de Louis XIV. 17. Si Voltaire détestait Rousseau, c'est que la réputation de celui-ci .... à la sienne propre. 18. Avant de se laisser opérer, ma mère a insisté pour .... à toutes ses affaires. 19. Notre ami .... pour consentir à jouer, mais ensuite il nous a tenus sous le charme jusque tard dans la nuit. 20. Je partageais une chambre avec ma collègue, mais j'ai dû chercher un autre logement parce qu'elle me .... de ses plaintes et de ses lamentations.

P

52. *Ecrivez la* **préposition** *qui convient.*

Il faut savoir *pardonner* .... le pécheur sans jamais *pactiser* .... le mal. Certaines gens *se pâment* .... admiration devant la moindre statue. Mon fils *s'est passionné* .... l'histoire et dévore tous les ouvrages historiques qui lui tombent sous la main.

Mon père, j'*ai péché* .... le Ciel et .... toi, dit humblement le fils prodigue. Celui qui *se pénètre* vivement .... le beau, ... le touchant, ... le sublime, n'est pas loin de l'exprimer (MARMONTEL). Nous n'arrivons pas à *persuader* notre mère .... prendre du repos. A force de *philosopher* .... cette affaire, nous n'y voyons plus du tout clair. On peut *se piquer* .... être raisonnable mais non pas .... avoir raison, ... sincérité mais non pas .... infaillibilité (JOUBERT). Ceux qui *se plaignent* .... la fortune n'ont souvent à *se plaindre* que .... eux-mêmes (VOLTAIRE). Je ne vous *plains* pas .... faire votre devoir, je vous *plaindrais* plutôt .... ne pas le faire. .... quel trouble nouveau cette fuite me *plonge* ! (RACINE). J'ai fait bâtir un château très commode où je *me suis précautionné* .... les vents du nord, ces ennemis de la nature (VOLTAIRE). Leur donner des conseils, c'est *prêcher* .... des sourds. Dieu *avait prédestiné* Cyrus .... rendre au peuple d'Israël le droit d'habiter la Palestine. Elle avait été sous-alimentée pendant son enfance, ce qui l'*a prédisposée* .... la tuberculose. Celui qui *préfère* la vérité .... sa gloire peut espérer de la *préférer* .... sa vie (ROUSSEAU). Nos autorités *prélèvent* la part du pauvre .... les recettes des théâtres et des cinémas. L'artiste *préluda* .... son concert par quelques mots d'introduction. Que de précautions doivent prendre les explorateurs des régions polaires pour *se prémunir* .... le froid ! Pharaon *préposa* Joseph .... l'approvisionnement de l'Egypte. Comme nous aurions désiré que M. H. *présidât* .... cette exposition ! Nous l'*avons pressenti* .... ses intentions mais nous *avons présumé* .... ses réponses qu'il allait s'absenter. Comblez les hommes de biens, de richesses et d'honneurs et *privez*-les .... les douceurs de l'amitié, tous les agréments de la vie s'évanouiront (Mme DE LAMBERT). Qui est-ce qui *procure* .... ce journal les ressources dont il a besoin pour vivre ? Les pèlerins *se sont prosternés* .... le pape. On ne sait comment Jeanne d'Arc *prouva* .... le roi qu'elle lui était bien envoyée par Dieu. Le corbeau *se promit* .... ne plus se laisser duper.

53. *Mettez la* **préposition** *exigée par le sens.*

J'ai beaucoup de peine à *pardonner* .... une de mes tantes .... avoir fait souffrir ma mère. Les Indiens d'Amérique se *parent* volontiers .... plumes. Comment pourrons-nous *parer* .... cet inconvénient ? 1. Dans une réunion mondaine on *parle* .... tout, sauf .... l'essentiel. 2. Un bon discours peut faire du bien, mais un bon exemple *parle* bien plus éloquemment .... le cœur (CONFUCIUS). 3. Il avait à *parler* .... un sujet difficile et il s'en est fort bien tiré. 4. L'avocat a insisté sur le fait que les antécédents de l'accusé *parlaient* .... lui, mais le juge a répondu que sa conduite actuelle *parlait* .... lui. 5. Le pasteur a évité de *parler* .... ses auditeurs .... les événements politiques. 6. Je voudrais *parler* .... mon ami .... le sujet qui me préoccupe. 7. Une mère doit *se partager* .... son mari et ses enfants. 8. Le lion *partagea* le cerf .... quatre parts. 9. Le cardinal de Richelieu voulait *partager* les Pays-Bas .... les Hollandais (VOLTAIRE). 10. On raconte que le pélican, s'il n'a rien d'autre à leur donner, *partage* ses entrailles .... ses petits. Je suis prêt à *participer* avec vous .... cette fête. Un chrétien *participe* à la fois .... la terre et .... le ciel. Votre compassion *part* .... un bon naturel, dit le roseau au chêne qui le prenait en pitié. Nous comptons *partir* demain .... Londres.

11. Moïse *a* toujours *passé* .... le législateur des Hébreux. 12. Se sentant blessé, le soldat *passa* la bannière .... l'un de ses camarades. 13. Cette dame *a passé* .... de grandes épreuves avant de parvenir à sa belle sérénité. 14. Il *a passé* de vie .... trépas. 15. Je veux bien *passer* .... votre étourderie pour cette fois. 16. Celui qui croit pouvoir *se passer* .... tout le monde se trompe fort ; mais celui qui croit qu'on ne peut *se passer* .... lui se trompe encore davantage (LA ROCHEFOUCAULD). 17. Il *a été* bien mal *payé* .... toute sa peine. 18. Comment se fait-il que tant de gens attendent des mois pour *payer* .... leurs fournisseurs les sommes qu'ils leur doivent ? 19. Vous nous *payez* ici .... excuses colorées (MOLIÈRE). 20. Nous *sommes payés* .... savoir quel fond l'on peut faire sur sa parole ; aussi ne *nous paierons*-nous pas .... promesses. 21. Mon naturel *penche* .... la mollesse (FÉNELON). 22. Les examinateurs ne semblaient guère *pencher* .... l'indulgence. 23. Que *pensez*-vous .... ce livre ? 24. *Pense* habituellement .... quelque chose d'élevé (CLÉOBULE). 25. Montaigne recommandait aux instituteurs de ne pas se borner à meubler la

tête de leurs élèves, mais de *penser* aussi .... la forger. Ne *permets* pas .... ta langue .... courir au-devant de ta pensée (CHILON). Je *me suis permis* .... vous prendre une allumette. Les amis sont des compagnons de voyage qui doivent s'entraider à *persévérer* .... le chemin de la meilleure vie. Les archéologues *ont persévéré* pendant des semaines .... fouiller le sol avant de découvrir les ruines qu'ils cherchaient.

Les bourreaux de sainte Blandine s'émerveillaient qu'elle *persistât* .... confesser sa foi en dépit des supplices. Quand le père de cette jeune fille a vu qu'elle *persistait* .... sa résolution, il a fini par consentir qu'elle étudiât la médecine. Ce pauvre vieillard se rend compte avec douleur qu'il *pèse* .... ses enfants. J'ai vendu mon commerce ; c'est la crise actuelle qui *a pesé* .... ma décision. Elle *se plaisait* .... nous taquiner. Corinne *plut* .... Oswald dès le premier abord. 26. Il ne faut pas *plaisanter* .... les choses sérieuses. 27. Elle était si gaie qu'elle *plaisantait* .... la moindre chose. Que d'yeux *ont pleuré* autrefois .... les malheurs de Paul et Virginie ! Je reconnais Néarque et j'en *pleure* .... joie (CORNEILLE). Elle *pleurait* .... devoir nous quitter. L'on n'arrive à rien de bon si l'on ne *se plie* .... une discipline. Notre pommier *pliait* .... les fruits. Comment, mon père, c'est vous qui *vous portez* .... ces honteuses actions ? (MOLIÈRE). Ce mur *porte* .... d'anciens remparts. Je ne *suis* pas *portée* .... demander des grâces (Mme DE MAINTENON). Elle *se pose* .... victime. Il *pose* .... l'homme incompris. Les parents *pourvoient* .... les besoins de leurs enfants jusqu'à ce que ceux-ci gagnent leur vie eux-mêmes. Avant de partir, notre guide indigène *s'est pourvu* .... un fétiche protecteur.

Epuisé, le cerf se décida à faire face aux chiens, qui *se précipitèrent* .... lui. Sitôt que les avions de bombardement ont été signalés, la population *s'est précipitée* .... les caves et les abris. 28. Il avait un si drôle d'accent que nous l'*avons pris* .... un étranger. 29. On *a pris* son passeport .... ce jeune homme ; il ne peut plus quitter son pays. 30. J'*ai pris* sur moi .... l'avertir. 31. Vous *prendrez* .... votre gain de quoi payer votre pension. 32. Tu *te prends* .... plus fort que toi, dit la lime au serpent qui voulait la ronger. 33. Pourquoi *nous en prenons*-nous .... les autres

.... ce qui ne va pas au lieu de *nous en prendre* .... nous-mêmes ? Prêter attention à votre interlocuteur, c'est le *préparer* .... écouter votre réponse. Il *s'était préparé* .... cette triste nouvelle et l'a reçue avec courage. Le docteur *a prescrit* .... notre malade .... garder la chambre. C'est un grand honneur que d'*être présenté* .... le roi ou .... la reine. Il y a des écrivains qui ont refusé de *se présenter* .... un siège à l'Académie française. Le pape Jules II *pressait* Michel-Ange .... achever son merveilleux travail. J'*étais pressé* .... soif et vous ne m'avez pas donné à boire (BOURDALOUE). Je *me presse* .... rire de tout, de peur d'être obligé d'en pleurer (BEAUMARCHAIS). Cette phrase *prête* .... l'équivoque. J'*ai prêté* mon parapluie .... un visiteur qui ne me l'a pas encore rendu. Je ne saurais *me prêter* .... une telle tromperie.

34. Il *s'est prévalu* .... son titre pour forcer l'entrée. 35. L'avis du président *prévaudra* sûrement .... celui du trésorier. Enfants, quand vous prierez, ne *prierez*-vous pas .... moi ? (V. HUGO). Nous l'*avons prié* .... dîner, puis nous l'*avons prié* .... nous rendre ce service. Le parlement *a procédé* .... moi avec la dernière rigueur (ROUSSEAU). Il serait temps de *procéder* .... la lecture du rapport. Sa maladie *procède* .... sa mauvaise conduite. Le tyran *prodiguait* des promesses .... ses ennemis afin d'endormir leur vigilance. Les infirmières *se sont prodiguées* .... les victimes de la catastrophe. Ce sacrifice serait inutile : il ne *profiterait* .... personne. La reine d'Angleterre a su *profiter* .... ses malheurs plus qu'elle n'avait fait de toute sa gloire (BOSSUET). Régulus *avait promis* .... les Carthaginois .... se livrer entre leurs mains s'il échouait dans sa mission, et il tint parole. Je ne saurais *me prononcer* .... cette question, je ne la connais pas suffisamment. Le prophète Nathan fut chargé de *prononcer* .... le roi David le châtiment que méritait sa faute. Elle *s'est proposée* .... marraine. Pâris *proposa* .... la belle Hélène .... l'enlever; elle abandonna son époux et suivit le prince troyen. Nous *nous proposions* .... tenter l'ascension de l'Eiger, mais le mauvais temps nous y a fait renoncer. Le malheureux *a protesté* jusqu'au bout .... son innocence. Montaigne *protesta* .... l'emploi de la torture.

54. *Ecrivez la* **préposition** *qui convient.*

L'enfant, *palpitant* .... joie, ouvrit le gros paquet que le facteur venait de lui remettre. Ces deux rues sont *parallèles* l'une .... l'autre. Ce pauvre vieillard est *perclus* .... douleurs. 36. Il a triché au jeu, il est *perdu* .... réputation. Ma foi ! sans moi, l'argent *était perdu* .... lui (MOLIÈRE). 37. Pendant la guerre, on a connu plusieurs officiers *pitoyables* .... leurs prisonniers. 38. Il s'est montré *pitoyable* .... ma détresse. Il faut enseigner aux enfants à se montrer *polis* .... les personnes âgées. Elle était tellement excitée qu'on l'aurait crue *possédée* .... un mauvais esprit. La guerre de Trente ans est d'environ trois siècles *postérieure* .... celle de Cent ans. Cet homme est vif, gai, *preste* .... la riposte. Et que tous nos vaisseaux soient *prêts* .... notre fuite (RACINE). L'ignorance toujours est *prête* .... s'admirer (BOILEAU). Un menteur est toujours *prodigue* .... serments.

55. *Complétez les phrases suivantes par un* **adjectif** *commençant par* p (RÉPERTOIRE p. 30 à 33).

39. Il était .... de colère et pouvait à peine parler. 40. Cet automobiliste imprudent est .... d'une forte amende. 41. Notre pays est montagneux, il est donc .... en blé. 42. Je suis bien .... de devoir vous annoncer une si mauvaise nouvelle. 43. La Fontaine estimait que la souffrance est .... à la mort. 44. Ma fille est si .... envers moi, disait le vieil aveugle, qu'elle devine mes moindres désirs. 45. Il ne nous semble pas que cette jeune fille soit .... à faire le bonheur de notre fils. 46. Ce vin est .... de tout mélange.

56. *Mettez la* **préposition** *qui convient* (RÉPERTOIRE p. 53 à 55).

Au lieu d'approfondir le fossé qui vous sépare, cherchez à *faire la paix* .... votre adversaire. J'ai *demandé pardon* .... ma sœur .... l'avoir si souvent taquinée. En établissant son budget, il est bon de *faire la part* .... l'imprévu. Je *me suis donné beaucoup de peine* .... expliquer ces règles à mes élèves, mais ils font encore bien des fautes. *Valait-il la peine* .... tant se fatiguer pour aboutir à un si piètre résultat ? Nous *avons demandé* .... des campagnards *la permission* .... couper quelques branches de leurs lilas. Nous ne pouvons pas *nous mettre sur le pied* .... recevoir tous les jours à notre table. Il a fallu *dorer la pilule* .... notre malade pour la persuader de se rendre à Vichy. Donnez-moi une obole pour les victimes de la catastrophe ; n'*avez-vous* pas *pitié* .... elles ? Les enfants ont quitté l'école pour *faire place* .... les soldats qu'on devait y loger. Venez me trouver demain ; *je me ferai un plaisir* .... vous conduire à l'exposition. Apprenez-moi, je vous prie, comment on peut *fermer la porte* .... ses soucis. Après sa longue absence, elle a été ravie de *rentrer en possession* .... sa chambre. Comme il est douloureux à des parents de *ne rien pouvoir* .... leur fils. Le masseur dit qu'il *ne peut rien* .... cette fracture et qu'il faut appeler le médecin ; il n'*a* pas *la prétention* .... en savoir autant que les hommes de l'art. Une première hypothèque est considérée comme *ayant la priorité*.............. les autres. Caligula *avait des prétentions* .... l'éloquence (DIDEROT). Catherine de Médicis *avait des prétentions* .... le Portugal, presque aussi chimériques que celles du pape (VOLTAIRE). Ce livre *donne prise* .... la critique. Mme de Maintenon est peut-être la seule personne qui *ait eu prise* .... Louis XIV. Bernard Palissy *fut aux prises* .... les plus grandes difficultés, et sa réussite est un miracle de persévérance. Cet homme *faisait profession* .... piété, mais hélas ! il n'en était pas plus honnête pour cela. Avez-vous réussi à *tirer profit* .... cette affaire ? Esther *était en proie* .... une vive émotion quand elle se présenta devant Assuérus.

57. *Complétez les phrases suivantes par une* **locution à valeur verbale** (RÉPERTOIRE p. 53 à 55).

47. Il ne m'a pas été possible d'exposer tout votre projet au ministre parce qu'il n'a pas tardé à me .... pour me parler d'autre chose. 48. Cette jeune fille était fiancée avec un de mes ouvriers ; lorsqu'elle a appris qu'il avait du penchant pour la boisson, elle lui .... 49. Il est bien rare de trouver de la reconnaissance chez les hommes ; nous devons en .... 50. Mon frère .... de l'expédition qui a tenté d'escalader l'Himalaya ; il en est revenu très fatigué mais fort intéressé. 51. Les gendarmes ont eu beaucoup de peine à mettre la main sur

ce bandit ; il leur .... 52. Vous êtes bien aimable d'avoir fait toutes ces démarches pour moi, je regrette de vous .... 53. Ce blessé est arrivé à l'ambulance dans un tel état qu'il .... aux médecins les plus endurcis. 54. Si cet homme a volé, c'est qu'il avait faim ; qui de nous oserait lui .... ? 55. Mon voisin m'a causé bien des ennuis, mais je n'ai pas voulu .... contre lui. 56. Cher Monsieur, je .... de vous annoncer mes fiançailles avec Mlle X. 57. Madame a un travail pressé à terminer, elle est obligée de .... à tous les visiteurs. 58. Nous sommes allés ce matin .... de la villa que nous venons d'acheter. 59. Votre professeur vous a donné un bon conseil ; ne manquez pas d'en ....

58. *Complétez les phrases suivantes par une* **locution à valeur prépositive** (RÉPERTOIRE p. 62).

1. .... quand me ferez-vous attendre votre réponse ? 2. .... faire du tort à nos campagnards, les hiboux et les chouettes les débarrassent de plusieurs animaux nuisibles. 3. Le héron se promenait .... la rivière, à la recherche de quelque poisson savoureux. 4. On a enfin élevé un monument .... ce grand écrivain. 5. Les assiégés ont dû se rendre .... les vainqueurs. 6. Vous serez secouru .... vos besoins. 7. Ce porteur de mauvaises nouvelles est arrivé .... la fête et a gâté tout notre plaisir. 8. .... parler, il a été pris d'une telle émotion qu'aucun son n'est sorti de sa gorge. 9. Il est arrivé au succès .... un travail incessant. 10. Il était .... les croyants sincères. 11. Ses amis se sont réunis, ... son anniversaire, pour lui témoigner toute leur affection. 12. Dieux ! que ne suis-je assise .... les forêts ! (RACINE). 13. .... un Bossuet ni d'un La Fontaine, que de grands écrivains ont illustré le siècle de Louis XIV ! 14. Je vous apporte cet ordre .... le général, ... son estafette qui est tombée sous les balles. 15. Combien de héros ont accepté le martyre .... renier leur foi ! 16. Avant de sortir, vous mettrez .... la malade tout ce dont

elle pourrait avoir besoin. 17. Mon garçon était bien ....
.... pleurer tant il avait mal, mais il a réussi à se maîtriser.
18. Les hommes oublient trop souvent qu'ils sont sans cesse ....
.... Dieu. 19. .... votre arrivée, nous vous
avons préparé une chambre. 20. Ma fille est établie avec sa famille
tout .... nous. 21. Ce n'est pas ....
gendarme que je viens vous voir, mais en voisin.

Q, R

59. *Trouvez la* **préposition** *qui convient.*

Il m'a *qualifié* .... fourbe, mais je *me suis* vivement *rebiffé*
.... une telle appellation. Mon garçon *raffole* .... sa petite
sœur quoiqu'elle *se querelle* souvent .... lui. Il est dur pour des
prisonniers *d'être questionnés* .... la situation de leur armée. Il a
fallu *raccorder* la teinte des vernis .... celle des tapisseries. Elle
aurait été emportée par le courant si elle ne *s'était raccrochée* ....
une branche d'arbre. J'espère toujours pouvoir *racheter* .... mon
cousin le champ que j'ai été forcé de lui vendre naguère. Il faut
se raidir .... la souffrance pour ne pas être vaincu par elle.
A la fin de sa vie, Racine *se rapprocha* .... les jansénistes. Je ne
pouvais *rassasier* mes yeux .... le spectacle magnifique de cette
ville (FÉNELON). Aussi longtemps qu'elle ne l'aura pas serré dans ses
bras, cette mère ne pourra *se rassurer* .... le sort de son fils ;
elle ne croit pas qu'il *réchappe* .... sa maladie. .... quel parti
*vous rattachez-*vous ? Avant d'apporter ton offrande à l'autel, va *te
réconcilier* .... ton adversaire. On *reconnaît* les Chinois ....
la forme de leurs yeux. Si vous ne réussissez pas du premier coup,
redoublez .... travail et .... persévérance. L'armée passa deux
jours à se reposer et à *se refaire* .... ses fatigues (ROLLIN). Sa voix
trembla en donnant cet ordre, son sang *reflua* .... son cœur
(VOLTAIRE). Nous *nous sommes régalés* .... fraises exquises qu'on
venait de cueillir. Il faut toujours *regarder* .... l'intention et régler
par là notre reconnaissance (Mme DE SÉVIGNÉ). A quoi bon *regimber* ....
la discipline ? Le dieu Pluton *régnait* .... les Enfers. Le Japon
regorge .... habitants. Je *fus* enfin *réintégré* .... mes droits

de citoyen (ROUSSEAU). Nos fautes *rejailliront* .... nos fils ; nous sommes tous solidaires (CHATEAUBRIAND). Etablissez d'abord la discipline parmi vos subordonnés : vous pourrez ensuite *vous relâcher* .... votre sévérité. Les avions *sont reliés* .... leur poste d'attache par la T.S.F. Je vous *remercie* .... avoir trouvé moyen de *remédier* .... ma bévue. Examinons ce bruit, *remontons* .... sa source (RACINE). Le linot de la fable, se croyant un phénix, *en remontrait* .... tous les oiseaux du voisinage. Les sœurs aînées se répandaient en éloges sur leur petit frère ; l'une *renchérissait* .... l'autre ; lui, cependant, *se renfermait* .... un mutisme absolu. Le bonheur arrive le plus souvent quand on *renonce* .... le chercher. J'ai *renoué* .... mes voisins après *m'être renseigné* .... leur compte. Comment nos ancêtres pouvaient-ils *se repattre* .... les combats de gladiateurs ? Il est bon, au sein de notre vie trépidante, de *se replier* parfois .... soi-même. Quand je *me reporte* .... le temps de mes études, je n'ai qu'un regret, c'est de n'en avoir pas mieux profité. *Reposez-vous* .... moi, seigneur, ... tout son sort (CORNEILLE). L'inspecteur *a reproché* .... les élèves .... avoir si mal travaillé. La Bourgogne *est réputée* .... ses vins. Les oiseaux faisaient *résonner* ces bocages .... leurs doux chants (FÉNELON). Rien ne *ressemble* .... l'orgueil comme le découragement (AMIEL). La force du caractère *résulte* .... l'accumulation des forces de la volonté (EMERSON). Le mal que l'homme fait *retombe* .... lui (ROUSSEAU). La Vénétie *a été réunie* .... le royaume d'Italie en 1866. Il faut agir dans le présent plutôt que de *rêvasser* .... l'avenir. Il est plus aisé de *rire* .... son prochain que de le comprendre. L'entretien *a roulé*, naturellement, ... la politique. Sous la conduite d'Attila, les Huns *se ruèrent* au Ve siècle .... les cités gauloises. Tout l'empire *ruisselait* .... le sang des martyrs (BOSSUET). Le renard *ruse* .... les chiens qui le poursuivent.

60. *Mettez la* **préposition** *exigée par le sens.*

Les fraises étant encore trop chères, je *me suis rabattue* .... les bananes. Le marchand n'a rien voulu *rabattre* .... son prix. Je suis bien sot de m'amuser à *raisonner* .... vous (MOLIÈRE). Vous devez choisir, non pas l'homme qui *raisonne* le mieux .... les lois, mais celui qui les pratique avec la plus constante vertu (FÉNELON). J'ai su le *ramener* .... les termes du devoir (CORNEILLE). Pour Socrate, la philosophie *se ramenait* .... l'étude des bonnes mœurs. 1. Et, ... ton divin joug, *range* nos volontés (RACINE). 2. Il *s'est rangé* .... mon avis. *Avez*-vous *rappelé* .... le président l'article des statuts qui *se rapporte* .... notre affaire ? L'homme était resté longtemps sous l'eau ; on eut beaucoup de peine à le *rappeler* .... la vie. N'avez-vous pas compris que ma lettre *se rapportait* .... notre dernière discussion ? Moïse *rapportait* .... le peuple d'Israël les ordres qu'il recevait de Dieu. La belette et le lapin, ne pouvant se mettre d'accord, décidèrent de *s'en rapporter* .... Raminagrobis. Jupiter ordonna à Mercure, son messager, de *ravir* Io .... son gardien et la jeune fille *fut ravie* .... échapper à la vengeance de Junon. 3. Les questions économiques *réagissent* .... les affaires politiques. 4. Il vous faut *réagir* .... votre indolence naturelle. J'ai su qu'un colporteur *se réclamait* .... mon nom auprès de mes connaissances ; je vous avertis qu'il n'en a pas le droit. Nous *avons réclamé* en vain .... la taxe qui nous était imposée. J'ai *réclamé* .... le concierge le parapluie que j'avais oublié.

Ils *ont recommandé* .... leurs amis .... ne faire aucune allusion à la politique dans leurs lettres. Chacun *se récriait* .... ces mesures injustes. Les voyageurs *se récriaient* à qui mieux mieux .... la beauté du site. Veuillez *redire* .... le gendarme ce que vous venez de me raconter. Avez-vous quelque chose à *redire* .... ma toilette ? Mes profits *se réduisent* .... peu de chose. Il *a été réduit* .... mendier. L'incendie fut si violent qu'il *réduisit* .... cendres deux maisons et une grange. On *a référé* la chose .... le tribunal de police. Si je *me réfère* .... mon horaire, je constate que vous aurez un train dans une demi-heure. J'ai dû *refuser* .... mes enfants .... les prendre avec moi. Pourquoi *se refuse*-t-il .... m'écouter ? Je *me réjouis* .... vous voir bientôt. Nous *nous réjouissons* .... vos succès. Il ne *se relèvera* pas .... cette maladie. Cette affaire *relève* .... le département de justice et police. Le pape l'*a relevé* .... son serment. *Remettez* .... les dieux le soin de vos affaires (MARC-AURÈLE). Accusé, avouez votre crime et *remettez-vous* .... la clémence de vos juges. « Croyez-vous qu'il *se remettra* .... son accident ? » « Je pense qu'il guérira mais qu'il ne pourra *se remettre* .... jouer de la harpe. » Vu les circonstances, nous avons dû *remettre* notre voyage .... des jours meilleurs. Je *me rends* .... vos arguments. Il faut *rendre* .... César ce qui appartient à César. Vercingétorix voulut *se rendre* .... Jules César lui-même. Souvent, *rendu* .... chaleur et .... fatigue, je m'étendais par terre, n'en pouvant plus (ROUSSEAU). 5. Est-il possible que vous *répondiez* sur ce ton .... vos parents ? 6. Le chirurgien *répond* .... le succès de l'opération. 7. Il ne *répondit* que .... une plaisanterie. 8. Vous pouvez avancer cette somme à mon neveu, je *réponds* .... lui. 9. Je *réserve* cette bouteille de champagne .... le jour de ton mariage. 10. Il *réserve* sa succession .... son fils. 11. Elle est très *réservée* .... ses affaires. 12. Je *me réserve* .... vous expliquer ma conduite un peu plus tard. 13. La cantatrice ne chantera pas avec le chœur ; elle *se réserve* .... son solo. Elle *s'est* enfin *résignée* .... consulter un spécialiste. Ne pouvant plus payer ses impôts, il *a résigné* .... l'Etat sa belle propriété. Les nuages *se résolvent* .... pluie. Nous *avons résolu* .... quitter notre patrie pour toujours. Elle ne peut *se résoudre* .... laisser partir son fils. Les causes concernant les clercs *ressortissaient* autrefois .... les tribunaux ecclésiastiques. Il *ressort* .... notre enquête que ces pauvres vieillards n'ont plus aucun moyen d'existence. *Restons*-en .... ce chapitre. Que *reste*-t-il .... tous nos efforts ? Après tant de souffrances, *il* ne *me reste* plus que .... mourir.

Je n'ai pu *me retenir* .... pleurer. Le maki monte aux arbres et *se retient* .... les branches avec sa queue. On a dû *retirer* l'autorité paternelle .... ce père indigne. Nous *avons retiré* notre enfant .... sa pension. Depuis que sa vue baisse, il *se retire* de plus en plus .... la vie publique. *Retournez*, retournez .... la fille d'Hélène (RACINE). Il faudra *retourner* cette marchandise .... le fabricant. On *a retranché* .... les ouvriers une partie de leur salaire. Pour s'excuser, il *s'est retranché* .... les ordres du directeur. Comme mes revenus sont en baisse, il me faudra *retrancher* .... mon budget les postes les moins nécessaires. L'homme sage *revient* .... ses illusions, mais garde son idéal. J'ai votre promesse, vous ne pouvez *revenir* .... ce que vous m'avez garanti. Le malandrin *est revenu* .... de meilleurs sentiments et regrette maintenant son crime. Ne passez pas votre temps à *rêver* .... le passé ou ....

l'avenir, mais soyez attentifs à saisir le moment présent (MAHOMET). Cet étudiant *rêve* chaque nuit .... ses examens. Ne *vous risquez pas* .... cette affaire, elle n'est pas viable et vous *risqueriez* .... y perdre tout votre avoir. Ce garçon *rivalise* .... sa sœur .... ardeur au travail. Depuis qu'il m'a trompé, j'*ai rompu* .... mon camarade. On s'efforce de *rompre* les soldats .... la fatigue ; parfois, on dépasse la mesure.

61. *Ecrivez la* **préposition** *qui convient.*

Les yeux de l'enfant étaient *rayonnants* .... plaisir. Je suis très *reconnaissant* .... mon chef .... m'avoir accordé un congé, mais je crois que c'est .... sa secrétaire que je suis *redevable* .... cette faveur. Les rois d'Assyrie devenaient *redoutables* .... tout l'Orient (BOSSUET). L'argile blanche de Limoges est *réfractaire*............... le feu. Apportez-moi le dossier *relatif* .... notre procès. Tyr fut longtemps la ville la plus *renommée* .... son commerce. Les jeunes gens d'aujourd'hui sont souvent peu *respectueux* .... leurs parents. On a reconnu que le chauffeur n'était pas *responsable* .... l'accident. J'ai pris une assurance *réversible* .... la tête de ma sœur. 14. Il est *riche* .... vertus, cela vaut des trésors (MOLIÈRE). 15. Notre musée est *riche* .... plusieurs tableaux de maîtres. L'étang était *rouge* .... le sang des morts. 16. Il est *rude* .... la fatigue. 17. Elle est *rude* .... ses employées.

62. *Ecrivez la* **préposition** *qui convient* (RÉPERTOIRE p. 55 à 57).

Adressez-vous à un notaire : en tant qu'avocat, je n'*ai pas qualité* .... traiter cette sorte d'affaire. Ma sœur *s'est mise en quatre* .... me trouver un appartement. Ce jeune homme aurait pu nous être utile ; vous avez eu grand tort de *vous prendre de querelle* .... lui. *Il est question* en haut lieu .... convoquer les Chambres. Quand j'ai commencé à glisser sur le glacier, j'ai cru ma dernière heure venue, mais j'*en ai été quitte* .... la peur. Les pires supplices n'ont pu *avoir raison* .... sainte Blandine, la célèbre martyre de Lyon. Le professeur *a donné raison* .... mon camarade qui trouvait le problème mal posé. Il vous faudra *rendre raison* .... votre absence .... l'adjudant. A force de *faire des recherches* .... l'origine du cancer, on finira bien par en trouver le remède. Le roi David n'aurait jamais dû *porter les regards* .... la femme d'Urie. *Faites le relevé* .... vos dépenses et apportez-le-moi. Nous *avons fait remarquer* .... le marchand que son étoffe était défraîchie. J'avais *pris rendez-vous* .... le serrurier pour nos réparations ; comme il n'est pas venu, je me prépare à le *faire repentir* .... son manque de parole. Je vous écoute, mais en *faisant mes réserves* .... vos allégations. La pauvre femme *n'a opposé* aucune *résistance* .... ceux qui venaient l'arrêter. Cette affaire *n'est* pas *du ressort* .... la Cour correctionnelle. Ne parlons plus de cette triste histoire ; il vaut mieux *tirer le rideau* .... les fautes passées et je ne veux pas *tenir rigueur* .... ceux qui m'ont offensé. Les despotes *ont* toujours *usé de rigueur* .... ceux qui s'opposaient à leurs desseins.

63. *Complétez les phrases suivantes par une* **locution à valeur verbale** (RÉPERTOIRE p. 55 à 57).

18. Le général avait donné l'ordre de mettre à mort tous les assiégés et de ne .... à personne. 19. Cette concierge a un caractère terriblement combatif : elle .... à tous les locataires. 20. Le leader du parti .... au ministre sur l'état des négociations, mais n'a pas obtenu de réponse précise. 21. Chaque jour ce chômeur .... de quelque travail, mais il est rare qu'il en trouve. 22. Payez-moi sur-le-champ la moitié de votre dette, et je vous .... du reste. 23. Vous .... d'appeler le médecin, le cas était plus grave qu'il ne semblait d'abord. 24. Ce jeune homme a envie de rompre avec sa famille ; ses amis essaient en vain de lui .... 25. Votre paquet m'est bien arrivé et je me hâte de vous en .... tout en vous adressant mes meilleurs remerciements. 26. Il est venu dans notre ville pour .... avec les principaux banquiers de la place. 27. Allô ! je vous téléphone pour vous conseiller de .... de votre mère qui rentre chez elle et m'a paru assez souffrante. 28. Les confidents du théâtre classique n'ont guère d'autre fonction que d'écouter les principaux personnages de la pièce et de leur .... 29. Le bourgmestre est venu .... au monarque, lors de son passage.

S

64. *Ecrivez la* **préposition** *qui convient.*

Cette veuve *s'est saignée* .... permettre à son fils de faire des études, et il ne lui cause que du chagrin. Je suis décidé à *satisfaire* au plus tôt .... toutes mes obligations. Je suis ravie que vous *vous sentiez* aussi quelquefois............la faiblesse humaine (Mme DE SÉVIGNÉ). Mais *siérait-il*, Abner, ... des cœurs généreux .... livrer au supplice un enfant malheureux ? (RACINE). Le Jura *sépare* la France .... la Suisse. Il ne faut pas *sevrer* les enfants .... tout plaisir, mais il est bon de donner la première place au travail. Le régisseur *a signifié* .... ces gens qu'ils devaient quitter les lieux. Les ouvriers *se sont solidarisés* .... leur camarade injustement renvoyé. Elle ne *se soucie* aucunement .... ce que les autres gens pensent ou désirent. Ce médecin *s'est spécialisé* .... les affections du foie. Ils *ont spéculé* .... la hausse du blé et ont perdu. Le criminel attendait avec angoisse que le juge *eût statué* .... son sort. Il faut *subordonner* le plaisir .... le devoir. Quand Mme Curie était trop fatiguée pour se rendre aux cérémonies organisées en son honneur, Eve Curie *se substituait* .... sa mère et recevait les diplômes en son nom. Le médecin *a suggéré* .... son client .... faire une croisière pour arriver à une détente complète. Le sentiment *supplée* .... tout, et rien ne *supplée* .... le sentiment (MARMONTEL). On *a surpris* le voleur .... percer le coffre-fort. Le tribunal a décidé de *surseoir* .... le jugement et de procéder à un supplément d'enquête. Quatre hommes seulement *ont survécu* .... la catastrophe du *Thétis*. L'Inquisition *sévissait* .... tous ceux que l'on *suspectait* .... hérésie. Au moindre tracas qui survient, on *suspend* l'enfant .... un clou comme un paquet de hardes (ROUSSEAU).

65. *Mettez la* **préposition** *exigée par le sens.*

1. La plupart des mères *se sacrifient* .... leurs enfants.
2. L'épreuve est une occasion offerte à un être libre de *se sacrifier* .... le devoir ou de *sacrifier* le devoir .... soi-même (LACORDAIRE). 3. Il ne faut *sacrifier* .... la mode que dans de justes limites. On *a saisi* le juge .... l'affaire. Et vous *vous saisissez* ....

un prétexte frivole pour vous autoriser à manquer de parole (MOLIÈRE).
4. *Sauve*-moi .... l'affront de tomber à leurs pieds (CORNEILLE).
5. Par ses suggestions judicieuses elle *a sauvé* bien des ennuis .... son mari. Ce morceau d'étoffe peut-il encore *servir* .... quelque chose ? Il ne peut plus *se servir* .... ses mains : elles sont paralysées. Que cela vous *serve* .... leçon. *Servez* vite .... Monsieur du vin et des biscuits, il doit partir dans un instant. Titus désirait *signaler* chacune de ses journées .... une bonne action. On *a signalé* ce louche individu .... la gendarmerie. Le gouverneur n'est pas encore parti : je *sors* .... le voir. Le sage doit *sortir* .... la vie comme .... un banquet, avec une attitude décente (PYTHAGORE). Il *a soufflé* .... le camarade assis près de lui la bonne moitié de sa récitation. J'*ai soufflé* .... ma sœur son dictionnaire, mais je le lui rendrai bientôt. Elle *souffre* .... un rhumatisme aigu. Je ne puis *souffrir* .... voir tourmenter un animal. 6. Jupiter *a* souvent *soupiré* .... des mortelles. 7. Ulysse *soupirait* .... son foyer. Sachons, en tout temps, *sourire* .... la vie. Je *souriais* intérieurement .... ses efforts maladroits. 8. Je suis prêt à *souscrire* .... cette bonne œuvre ; quelle somme vous faut-il ? 9. Il n'a jamais voulu *souscrire* .... ce compromis. Oh ! n'insultez jamais une femme qui tombe ; qui sait .... quel fardeau la pauvre âme *succombe* ? (V. HUGO). Je *succombe* .... l'envie de vous entendre discourir (Mme DE SÉVIGNÉ). Les prêtres ne pouvaient *suffire* .... les sacrifices (RACINE). Il *suffit* .... un regard du soleil en automne pour nous faire oublier de longs jours de brouillard (B. SAUTTER).

66. *Ecrivez la* **préposition** *qui convient.*

10. Les chats, les ibis, les crocodiles et plusieurs autres animaux étaient *sacrés* .... les Egyptiens. Pascal se montra de bonne heure *savant* .... mathématiques. La malade est *sensible* .... la moindre marque d'attention. 11. Il faut être *sévère* .... soi, indulgent pour les autres. 12. Ce père est bien *sévère* .... ses enfants. Soyez *sobre* .... paroles, on ne vous en écoutera que plus volontiers. Nous sommes tous *solidaires* les uns .... les autres. Le despote restait *sourd* .... toutes les supplications. Qui donc est *suffisant* .... ces choses ? a dit saint Paul. Cet enfant est *sujet* .... les angines. L'armée des Perses était *supérieure* .... celle

des Grecs, non pas .... valeur mais .... nombre. Etes-vous *sûr* .... lui, *sûr* .... ne pas vous faire d'illusion sur son compte ? Nous sommes *susceptibles* .... amitié, ... justice, ... humanité (VAUVENARGUES). Quoi ! vous suis-je *suspect* .... quelque perfidie ? (CORNEILLE). Anne d'Autriche n'était pas *sympathique* .... le cardinal de Richelieu.

67. *Ecrivez la* **préposition** *qui convient* (RÉP. p. 57 et 58).

Vous devriez *faire le sacrifice* .... votre excursion .... votre mère malade. Cet étudiant insiste pour *tirer satisfaction* .... les paroles injurieuses qu'il a entendues. *Faites savoir* .... vos amis le jour de votre départ ; ils veulent vous accompagner sur le navire. D'un seul regard, une mère peut *faire sentir* .... son enfant ce qu'elle pense de sa conduite. C'est moi qui *ferai le service* .... le téléphone. Le loup qui avait avalé un os *fit signe* .... la cigogne de venir à son aide. La génisse, la chèvre et la brebis *firent société* .... le lion, mais n'eurent guère à s'en féliciter. Vous *aurez soin* .... éteindre le gaz avant de sortir. Mais .... vos premiers ans quelles mains ont *pris soin* ? (RACINE). Elle *met tous ses soins* .... la traduction que vous lui avez confiée. Il faut *faire un sort* .... ce gâteau : si vous ne le mangez pas maintenant, emportez-le avec vous. Le Rhône et le Rhin *prennent leur source* .... les Alpes. *Mettez la sourdine* .... vos récriminations si vous ne voulez pas vous attirer des ennuis. Pour *faire suite* .... notre entretien téléphonique, je viens vous aviser par écrit que j'accepte vos propositions.

T

68. *Ecrivez la* **préposition** *qui convient.*

Dans les périodes de guerre ou de crise, on ne peut *tabler* .... aucune certitude. Certes, vous *vous targuez* .... un bien mince avantage (MOLIÈRE). Tubéron *avait taxé* .... crime la conduite de ceux qui avaient porté les armes contre César (ROLLIN). La lune *teintait* le ruisseau .... un reflet argenté. Il faut *télégraphier* .... la mère .... revenir au plus vite. Ce prédicateur, délaissé, *tonne* chaque dimanche .... les absents. Pendant les guerres, il y a des gens qui ne rougissent pas de *trafiquer* .... la vie et .... le sang de leurs compatriotes ; comment peuvent-ils *transiger* ainsi .... leur devoir ? Les alchimistes cherchaient à *transmuer* les métaux .... or. Une bonté opiniâtre *triomphe* .... le plus mauvais cœur. Je ne *trouve* .... cette personne aucun charme.

69. *Mettez la* **préposition** *exigée par le sens.*

Comme elle *tarde* .... rentrer ! Après sa longue absence, il *tardait* .... mon frère .... revoir tous les siens. Je veux faire *teindre* ma robe .... noir. Son visage *était teint* .... diverses couleurs. Je le connais, je puis *témoigner* .... son honnêteté. Les ouvriers étaient furieux de l'arrestation de leur camarade et refusèrent de *témoigner* .... lui. Le père de la parabole *tendit* les bras .... son fils repentant. Le baromètre *tend* .... remonter. Saint François d'Assise *tendait* .... l'humilité la plus complète. 1. Il est magnifique de réaliser avec quelles faibles troupes les premiers Suisses *ont tenu* .... des forces beaucoup plus nombreuses. 2. J'ai un message important pour l'ambassadeur et je *tiens* .... le voir tout de suite. 3. Sa mère est une très brave femme, mais il *tient* malheureusement .... son père. 4. Jusqu'à la fin de sa vie, Napoléon eut des partisans qui *tenaient* .... lui. 5. Nous *tenons* cette nouvelle .... le reporter lui-même. 6. On s'est demandé naguère si les progrès du cancer *tenaient* .... l'emploi de l'aluminium. 7. Je *tiens* beaucoup .... ce bijou, c'est un héritage de famille. 8. Au loup qui admirait son embonpoint, le chien déclara : Il ne *tiendra* que .... vous, beau sire, d'être aussi gras que moi. 9. Je *m'en tiendrai* .... vos instructions et ne ferai rien sans votre ordre. 10. L'orateur n'a pas été bien compris ; cela *tient* .... la mauvaise acoustique de la salle. 11. Monsieur, je vous demande pardon, mais vous êtes si plaisant que je ne puis *me tenir* .... rire (MOLIÈRE). 12. Il *a terminé* son discours .... un appel à l'union qui a été chaleureusement applaudi. 13. Chez nous, toutes les discussions *se terminent* .... plaisanteries. Il *s'est tiré* une fameuse épine .... le pied. Eh ! mon ami, *tire*-moi .... le danger, tu feras après ta harangue (LA FONTAINE). C'est des fenêtres d'une maison qui subsiste encore qu'un jeune monarque, la nuit de la Saint-Barthélemy, *tira* .... ses propres sujets qui passaient l'eau pour se sauver (SAINT-FOIX). A force de ruse, Louis XI réussit à *se tirer* .... les mains de son ennemi, le duc de Bourgogne. Les contrebandiers étaient en force, ils *sont tombés* .... les douaniers et leur ont fait un mauvais parti. Qui de nous pourrait prétendre n'*être jamais tombé* .... l'erreur ? Fouquet était arrivé au plus haut degré de la fortune quand il *tomba* .... disgrâce auprès de Louis XIV et fut enfermé dans le château de Pignerol. Rubinstein *touchait* .... le piano de telle façon que ses auditeurs vibraient avec lui. Ne *touchez* pas .... ce vase : il est fendu. Nous *nous tourmentons* .... le silence de nos voyageurs. Cette femme *se tourmente* .... gagner le pain de ses enfants. L'amour que j'ai pour toi *tourne* .... haine pour elle (CORNEILLE). Le génie des Français est de *tourner* .... raillerie les événements les plus affreux (VOLTAIRE). M. le duc pleura : c'était .... Vatel que *tournait* tout son voyage de Bourgogne (Mme DE SÉVIGNÉ). Son impatience *se traduisait* .... des mouvements nerveux de la tête et des mains. La Bible *a été traduite* .... l'hébreu et .... le grec .... plusieurs centaines de langues. Les Goths *traitèrent* .... les Romains et s'établirent en Espagne (BOSSUET). Dès longtemps votre amour pour la religion *est traité* .... révolte et .... sédition (RACINE). Ils sont venus pour *traiter* .... affaires commerciales. Quoiqu'il ait perdu son royaume, son entourage le *traite* encore .... roi. Je te vois en train de *trancher* avec moi .... l'homme d'importance (MOLIÈRE). Ses remarques spirituelles *tranchaient* agréablement .... la banalité des propos. Il *travaille* .... sa traduction, ne le dérangez pas. Je *travaille* .... mettre en madrigaux toute l'histoire romaine (MOLIÈRE). Il *s'est trompé* .... la signification de ce mot. Je *m'étais trompé* .... adresse.

70. *Complétez les phrases suivantes par un* **verbe** *commençant par* t.

14. Vous ferez bien de vous .... sur votre aventure car, si on la connaissait, on se moquerait de vous. 15. Mon petit garçon vient de faire une grave chute ; veuillez .... au docteur d'accourir au plus vite. 16. Le sultan Abdul-Hamid était persuadé que l'on .... autour de lui des complots contre sa vie. 17. Le roi Edouard VIII d'Angleterre a renoncé au trône et .... le pouvoir à son frère. 18. La noce était très gaie ; les époux ont tenu à .... avec chacun des invités.

71. *Trouvez un* **adjectif** *commençant par* **t** (Répertoire p. 39 et 40).

19. Après dix-huit ans de prison, Marie Stuart eut la tête tranchée dans une chambre de sa prison .... de noir. 20. Je suis profondément .... de la confiance que vous me témoignez. 21. Un homme qui s'est montré .... à sa patrie reste marqué dans l'histoire du sceau de l'infamie. 22. J'attendais, ... d'angoisse, le verdict du docteur et je fus bien .... de l'entendre déclarer qu'il n'y avait plus d'espoir.

72. *Ecrivez la* **préposition** *qui convient* (Répertoire p. 58).

Avant de construire son système philosophique, Descartes *fit table rase* .... tout ce qu'il avait appris jusqu'alors. 23. Cette pièce de vers, si vulgaire, *fait tache* .... le recueil. 24. L'aventure de ce garçon *fait tache* .... la réputation de sa famille. Le loup de La Fontaine aurait voulu attaquer et dévorer le chien qu'il avait rencontré ; mais le mâtin *était de taille* .... se défendre hardiment. Il *est temps* .... partir si nous voulons attraper notre train. Nous *nous sommes cassé la tête* .... cette énigme sans parvenir à la deviner. *Il ne tient* que .... vous .... être nommé à ce poste. Cet homme d'esprit *donnait le ton* .... toute la compagnie. Je ne veux pas *faire tort* .... mon prochain .... la moindre chose. Il *avait beaucoup de torts* .... elle, mais elle lui a pardonné. Ces gens *faisaient trafic* .... faux passeports. Fagon était curieux de tout ce qui *avait trait* .... son métier (Saint-Simon). Chacun de nous doit *payer*, tôt ou tard, *son tribut* .... la douleur.

73. *Complétez les phrases suivantes par une* **locution à valeur verbale** (Répertoire p. 58).

25. « Vous étiez sur le navire qui a pris feu ? Vous .... de la catastrophe ? » « Certes, et je puis .... au sang-froid du capitaine. » 26. Pendant toute la traversée, ces gens .... à boire et à jouer aux cartes. 27. Pour .... aux protestations du public, le commissaire a fait éteindre les lumières. 28. Afin de provoquer une grève, l'ouvrier .... à ses camarades. 29. Malgré les objurgations

de sa mère, ce jeune homme .... de devenir aviateur. 30. Cette volte-face .... à votre renommée. 31. Renard, le goupil, était enchanté chaque fois qu'il avait pu .... à ses ennemis. 32. La police a eu de la peine à s'y reconnaître, mais maintenant elle .... des meurtriers. 33. Les peuples ne pourraient-ils pas .... à leurs différends et travailler ensemble au bien supérieur de l'humanité ? 34. Allô ! ne parlez pas si fort dans le transmetteur, vous me ....

U, V, Y, Z

74. *Ecrivez la* **préposition** *qui convient.*

Vous devriez *user* .... plus de ménagements avec votre vieille tante. Je n'aurais jamais cru que vous pourriez *en user* .... moi d'une façon si déloyale. La fermière nous a apporté du beurre et des légumes *à valoir* .... le prix de son loyer. Son premier recueil de poésies *valut* .... Lamartine une célébrité immédiate. Les deux compagnons *se vantèrent* trop tôt .... avoir une peau d'ours à vendre. Le luthier *a* si bien *vanté* votre violon .... son client qu'il a fini par l'acheter. Celui qui *se vante* .... ses bonnes actions en détruit la valeur. Que peut-on voir de plus touchant qu'une mère *veillant* .... le sommeil de son bébé ? Vous *veillerez* .... ce que nos hôtes aient tout ce qu'il leur faut. Le vrai moyen de *se venger* .... son ennemi est de devenir tant plus homme de bien (AMYOT). Rodrigue *vengea* son père .... le soufflet que le comte lui avait donné. Souvent l'on *se venge* .... plus faible que soi .... les horions que l'on a soi-même reçus. Ils ont commencé par se crier des injures, puis ils en *sont venus* .... les mains. Votre oncle *vient* .... sortir, je m'étonne que vous ne l'ayez pas rencontré. Les gendarmes ont souvent à *verbaliser* .... des infractions aux règlements routiers. J'ai bien cru qu'il allait *verbaliser* .... moi, mais il s'est borné à me recommander la prudence. Il ne faut pas *verser* de l'huile .... le feu. La cuisinière s'est trompée : elle *a versé* .... la sauce du vinaigre au lieu de vin. Il *vise* .... l'éloquence, mais il n'y parvient pas. Celui qui *vit* .... espérance risque de mourir de faim (FRANKLIN). Junon *en voulait* .... Pâris de lui avoir préféré Vénus. Je ne *veux* qu'un mot .... vous.

75. *Ecrivez la* **préposition** *qui convient.*

Nous étions *ulcérés* .... ses mauvais procédés. Ces exercices sont *utiles* .... l'étude du français. Les Francs furent *victorieux* .... les Gaulois. Ce monsieur est *veuf* .... sa première femme et divorcé d'avec la seconde. Plus nous sommes *vides* .... nous-mêmes, plus nous avons de disposition à être remplis de Dieu (BALZAC). Ces statues sont encore *vierges* .... toute souillure. L'église est *voisine* .... le château. Toute la France destinait la charge de chancelier à un ministre si *zélé* .... la justice (BOSSUET).

76. *Ecrivez la* **préposition** *qui convient* (RÉPERTOIRE p. 59).

Cet outil *n'a aucune utilité* .... moi ; prenez-le si vous en avez envie. Ce poète *attachait une grande valeur* .... les appréciations de sa mère, mais quand il *était en veine* .... composer, il se retirait dans un bois. Vous devriez *dire ses vérités* .... votre associé au lieu d'*être à plat ventre* .... lui. De peur de fatiguer sa malade, la garde *faisait le vide* .... elle ; nous avons presque dû *user de violence* .... ce cerbère pour pouvoir dire adieu à notre tante. Je regrette, Mademoiselle, mais aujourd'hui Madame *n'est visible* .... personne. Ma mère voulait absolument me marier ; elle *avait des vues* .... une certaine jeune fille qui ne me plaisait guère et m'engageait sans cesse à *jeter les yeux* .... elle. Les enfants *n'avaient d'yeux que* .... l'énorme gâteau qui tenait le milieu de la table. Un de ses amis a pu lui *ouvrir les yeux* .... les dangers de l'entreprise.

77. *Complétez les phrases suivantes par une* **locution à valeur verbale** (RÉPERTOIRE p. 59).

1. Vous devriez .... d'une plume réservoir, c'est si pratique. 2. Le prisonnier ne voulait rien dire, mais on est parvenu à lui .... et l'on a ainsi appris bien des choses intéressantes. 3. Mon cher fils, un ami revenant des colonies me .... sur toi ; j'en ai un affreux chagrin et je te supplie de changer de conduite. 4. Les enfants proposaient d'adopter un chien errant, mais la mère, qui ne souffrait pas de bêtes dans l'appartement, ... à cette suggestion. 5. J.-J. Rousseau se rendait-il compte qu'il .... à tout le romantisme ?

6. Orgon était tellement entiché de Tartufe que personne ne réussissait à lui .... ; mais quand enfin il .... sur l'hypocrisie de l'individu, il le chassa de chez lui. 7. La maman .... à son petit cadet qui mettait ses doigts dans tous les plats. 8. J'ai un immense chagrin de n'être arrivé qu'après la mort de mon père et de n'avoir pu lui .... 9. Il ne faut pas gronder les enfants dès qu'ils font une sottise, et il faut savoir .... sur les choses qui n'ont pas d'importance.

78. *Complétez les phrases suivantes par une* **locution à valeur prépositive** (Répertoire p. 63).

1. Nous avons encore des vivres pour une semaine .... 100 grammes de pain par homme et par jour. 2. Ils se présentèrent .... âge. 3. Ses dépenses ne sont pas .... sa fortune. 4. Le lièvre fait son gîte .... terre. 5. Je laisserai par testament une jolie somme à ma domestique .... ses services dévoués. 6. Avez-vous jamais songé combien minimes sont vos peines .... tous les bienfaits dont vous avez été comblé ? 7. Notre climat est froid .... celui du Congo. 8. Nous sommes parvenus à déchiffrer cette lettre .... loupe et de lunettes. 9. .... les autorités militaires, les citoyens ont mis leurs autos à la disposition du gouvernement. 10. .... ma détresse, je prends la liberté de m'adresser à vous. 11. Alceste souffrait de se trouver sans cesse .... moqueurs et de médisants. 12. J'irai vous chercher .... le concert. 13. .... ses lectures, Don Quichotte s'est entiché de chevalerie. 14. .... ses appointements, il a touché diverses gratifications. 15. .... nos aïeux, la vie était bien moins agitée qu'aujourd'hui. 16. Elle marche comme un général .... une armée royale (Bossuet). 17. Il lui passa son épée .... le corps. 18. Le Brévent est situé .... le Mont-Blanc. 19. Ces fruits, quoique exotiques, sont tout frais ; ils ont été transportés .... avion. 20. Il est beau de faire la charité .... l'anonymat. 21. L'enfant a été écrasé .... sa mère.

CLEF DES EXERCICES

A. 1 à. 2 sur. 3 vers. — 4 absent. 5 accessible. 6 adjacente (ou attenante). 7 âgé. 8 agréables. 9 aisé. 10 alerte. 11 analogue. 12 ancré. 13 antérieure. 14 applicable. 15 apte. 16 assidue. 17 attentifs. 18 avide d'éloges, avare de louanges. — 19 sommes tombés d'accord. 20 faire achat. 21 en a pris acte. 22 étaient à l'affût. 23 est d'âge. 24 rogner les ailes. 25 je me suis laissé aller. 26 faire mes amitiés. 27 faire les avances. 28 tirer avantage. 29 j'ai trop d'aversion. 30 je suis de son avis. 31 prendre avis.

B. 1 bonne. 2 bon. 3 bouffi, bienveillant. 4 bourrelé. 5 brûlants. 6 brillants. — 7 parler bas. 8 est pour beaucoup. 9 en dit de belles. 10 fait du bien. 11 me trouve bien. 12 m'a souhaité la bienvenue. 13 décharger sa bile. 14 portait bonheur.

C. 1 en. 2 à. 3 en. 4 à. 5 pour. 6 dans. 7 en. 8 à, à. 9 à. 10 après. 11 contre. — 12 à. 13 contre. 14 sur. 15 envers. 16 pour. — 17 a rabattu le caquet. 18 rompez la cervelle. 19 aurez-vous la chance. 20 lui donner le change. 21 prend-il le chemin. 22 entrer en communication. 23 tenir compagnie. 24 demander compte. 25 donnerai son compte (ou son congé). 26 rendre compte. 27 nous sommes pas rendu compte. 28 tenir compte. 29 faire la conduite. 30 faire confiance. 31 demander conseil. 32 fait voir de toutes les couleurs. 33 fait la cour. 34 mettre au courant. 35 suis au courant.

(**A. à C.**) 1 afin de. 2 en amont de. 3 par amour pour. 4 autour de. 5 à bas de. 6 au bas de. 7 au bout de. 8 au cœur de. 9 pour comble de. 10 à condition de. 11. En conséquence de. 12 à côté de. 13 du côté de. 14 à coups de. 15 sous le couvert de.

D. 1 de. 2 à. 3 de, à. 4 pour. 5 de. 6 contre. 7 à, de. 8 de. 9 avec. 10 en, à. 11 sur, du fait. 12 au. 13 avec. 14 à. 15 aux. 16 entre. 17 pour. 18 à. 19 sur. 20 dans. 21 à. 22 contre. 23 à. — 24 débarrasser. 25 On l'a décoré. 26 dégrève. 27 se déguisait. 28 a délivrés. 29 me démettre. 30 vous démunir. 31 il s'est désaccoutumé (ou déshabitué). 32 désespère. 33 Il s'est dessaisi. 34 détourner (ou dissuader). 35 dresse. —36 défavorable. 37 dénués. 38 désagréable. 39 désavantageux. 40 désireux. 41 dévoré. 42 diaprées. 43 différents. 44 difficile. 45 digne. 46 distincts. 47 dociles. 48 dur. — 49 est en danger. 50 faire défaut. 51 prendre la défense. 52 mets au défi. 53 faire des démarches. 54 rendre les derniers devoirs. 55 ne croit pas de sa dignité. 56 n'était pas en disposition. 57 cherche dispute. 58 tourner le dos. 59 avoir des doutes. 60 tenir la dragée haute. 61 avez droit. 62 faire droit. 63 céder la droite.

E. 1 de. 2 à. 3 du. 4 à. — 5 éclata. 6 effarouchez. 7 éliminer. 8 emplir. 9 ennuie. 10 enrichit. 11 entremêlait. 12 envoya. 13 éviter (ou épargner). 14 l'exclure. 15 m'excuse. 16 exprimer. — 17 écœurés. 18 éblouie (ou émerveillée). 19 éligibles. 20 égale. 21 enclin. 22 entaché. 23 enthousiaste. 24 épaté. 25 envieux. 26 esclaves. 27 estimé. 28 étranger. 29 étincelants. 30 exact. 31 exempt, excusable. 32 expert. 33 expérimenté. — 34 faire l'effort. 35 traite d'égal à égal. 36 causer de l'embarras. 37 avez vos entrées ; grille d'envie. 38 j'ai envie. 39 faites envie. 40 faire escorte. 41 est à l'épreuve. 42 est en état. 43 ont donné l'éveil. 44 faire des excuses. 45 prendre exemple. 46 j'ai fait l'expérience. 47 d'avoir une explication ; passer l'éponge.

F. 1 à. 2 sur. 3 sur. 4 à. 5 sur, dans. 6 par. — 7 au, en. 8 de. 9 pour, pour. — 10 facile. 11 familiers. 12 fertiles. 13 fidèle. 14 fière. 15 fou. 16 funeste. — 17 a un faible. 18 mettre au fait. 19 faire faux-bond. 20 être ferme. 21 parler ferme. 22 a mis le feu. 23 suis fondé ; ferez fonction. 24 soit de force. 25 faire les frais. 26 mettre un frein. 27 suis en froid. 28 faire front. 29 passe sa fureur.

G. H. 1 à. 2 sur. 3 contre. 4 de. 5 à. 6 de. 7 sur. 8 d'être. 9 de. 10 à. — 11 garant. 12 glorieux. 13 généreux. 14 gracieuse. 15 gourmands. 16 grosse. 17 hardi. 18 hostile, habile. 19 heureuse, honteux. — 20 se donne les gants. 21 a la garde. 22 n'ayez garde. 23 m'en donner à garder. 24 a fait rendre gorge. 25 demanda grâce. 26 j'aurais mauvaise grâce. 27 prendre l'habitude. 28 mettre le holà. 29 présenter mes hommages. 30 il a toujours fait honneur. 31 a fait les honneurs. 32 n'auriez pas honte. 33 fait horreur.

I. 1 dans. 2 avec. 3 dans. 4 dans. 5 aux. — 6 identique. 7 idolâtre. 8 imbu. 9 impatient. 10. impénétrable (ou imperméable). 11 imperceptibles. 12 importune. 13 imputable. 14 impropres (ou inaptes). 15 incapables. 16 incompatible. 17 inconsolable, incriminé, inculpé. 18 indépendants, indifférents. 19 indocile. 20 inexcusable. 21 infestées. 22 infidèle. 23 ingrats. 24 inhérent. 25 injectés. 26 innocent, insensibles. 27 inséparables. 28 insoucieux. 29 intime. 30 invisibles. 31 invulnérable. 32 issu. 33 ivre. — 34 envers. 35 pour. 36 à l'égard des. — 37 a-t-on idée. 38 vit en bonne intelligence. 39 avoir des intelligences. 40 a intérêt. 41 prend (porte) intérêt. 42 s'est répandu en invectives.

(D. à I.) 1 en deçà des, au-delà de. 2 au-dessus, au-dessous du. 3 à l'égal du. 4 sans égard pour. 5 à l'endroit des. 6 aux environs de. 7 à l'exclusion de. 8 en faveur de. 9 au fond du. 10 sous la garde des. 11 en haut de. 12 hors de. 13 indépendamment de. 14 à l'intention de.

J. L. 1 avec. 2 de, au. 3 du. 4 à. 5 sur, d'une. 6 contre. 7 avec. — 8 jaloux. 9 lent, las. 10 libéral, long. 11 loisible, libre. — 12 donner du jeu. 13 me fais un jeu. 14 a donné le jour. 15 suis à jour. 16 donner ses huit jours. 17 porter un jugement. 18 prendre langue. 19 tirait la langue; donnât une leçon. 20 prenez des licences. 21 a donné lieu. 22 a tenu lieu. 23 ait fait litière ; est loin. 24 faire la lumière.

M. 1 avec. 2 aux. 3 dans. 4 de. 5 à. 6 de, des. 7 d'. 8 dans. 9 à. 10 sur. — 11 maille à partir. 12 mettre la dernière main. 13 prêter la main. 14 tomber entre les mains. 15 se rendre maître. 16 a fait du mal. 17 faire mal. 18 dire merci. 19 à la merci. 20 avait bien mérité. 21 prendre mesure. 22 a pris des mesures. 23 m'a fait grise mine. 24 trouver moyen. 25 a les moyens.

N. O. 1 pour. 2 à. — 3 natif. 4 navré. 5 nécessaire. 6 novice. 7 obéissant. 8 orgueilleux. 9 Oublieuse ; outré. — 10 suis dans la nécessité. 11 donne sur les nerfs. 12 mettre le nez. 13 est de niveau. 14 a été dans l'obligation, ont fait la sourde oreille. 15 avoir eu l'occasion. 16 être en bonne odeur. 17 portait ombrage. 18 mettre ordre. 19 s'est fait tirer l'oreille. 20 rebattait les oreilles.

P. 1 de, de. 2 au. 3 sur. 4 pour, contre. 5 à, des. 6 avec, du, 7 entre. 8 en. 9 avec. 10 à. 11 pour. 12 à. 13 par. 14 à. 15 sur. 16 de ; de. 17 de. 18 à. 19 d'. 20 pour, de. 21 à. 22 vers. 23 de. 24 à. 25 à. 26 des. 27 sur. 28 pour. 29 à. 30 de. 31 sur. 32 à. 33 aux, de, à. 34 de. 35 sur. — 36 de. 37 envers. 38 à. — 39 pâle. 40 passible. 41 pauvre. 42 peiné. 43 préférable. 44 prévenante. 45 propre. 46 pur. — 47 couper la parole. 48 a rendu sa parole. 49 prendre notre parti. 50 a fait partie. 51 a fait voir du pays. 52 avoir donné cette peine. 53 faisait peine (faisait pitié). 54 jeter la pierre ? 55 porter plainte. 56 j'ai le plaisir. 57 refuser sa porte. 58 prendre possession. 59 faire votre profit.

(J. à Q.) 1 Jusqu'à quand. 2 Loin de. 3 le long de. 4 en mémoire de. 5 à la merci des. 6 à mesure de. 7 au beau milieu de. 8 au moment de. 9 par le moyen d'un. 10 du nombre des. 11 à l'occasion de. 12 à l'ombre des. 13 Sans parler d'un. 14 de la part du, à la place de. 15 plutôt que de. 16 à portée de. 17 près de. 18 en présence de. 19 En prévision de. 20 proche de. 21 en qualité de.

Q. R. 1 sous. 2 à. 3 sur. 4 contre. 5 à. 6 du. 7 par. 8 pour. 9 pour. 10 à. 11 sur. 12 en. 13 pour. — 14 en. 15 de. 16 à. 17 envers. — 18 faire quartier. 19 cherche querelle. 20 a posé une question. 21 se met en quête. 22 tiendrai quitte. 23 avez eu raison. 24 faire entendre raison. 25 accuser réception. 26 entrer en relations d'affaires. 27 aller à la rencontre. 28 donner la réplique. 29 présenter ses respects.

S. 1 pour. 2 au, à. 3 à. 4 de. 5 à. 6 pour. 7 après. 8 pour. 9 à. — 10 pour. 11 pour. 12 à l'égard de.

T. 1 contre. 2 à. 3 de. 4 pour. 5 du. 6 à. 7 à. 8 à. 9 à. 10 à. 11 de. 12 par. 13 en. — 14 vous taire. 15 téléphoner. 16 tramait. 17 a transmis. 18 trinquer. — 19 tendue. 20 touché. 21 traître. 22 tremblant, triste. — 23 dans. 24 sur. — 25 vous avez été témoin ; rendre témoignage. 26 ont passé leur temps. 27 mettre un terme. 28 montait la tête. 29 s'est mis en tête. 30 fait tort. 31 jouer un tour. 32 est sur la trace. 33 faire trêve. 34 brisez le tympan.

U. V. Y. Z. 1 faire usage. 2 tirer les vers du nez. 3 m'en dit de vertes. 4 a mis son veto. 5 ouvrait la voie. 6 dessiller les yeux ; ouvrit les yeux. 7 a fait les gros yeux. 8 fermer les yeux. 9 fermer les yeux.

(R. à Y.) 1 à raison de. 2 par rang de. 3 en rapport avec. 4 à ras de. 5 en reconnaissance (en récompense) de. 6 au regard de. 7 relativement à. 8 à grand renfort de. 9 A la requête des. 10 Du sein de. 11 en société de. 12 à la sortie du. 13 Par suite de. 14 En sus de. 15 Au temps de. 16 à la tête d'. 17 au travers du. 18 vis-à-vis du. 19 par voie de. 20 sous le voile de. 21 sous les yeux de.

INDEX

Tous les exercices sont destinés à faciliter l'étude des prépositions.
Voici les numéros de ceux qui portent sur :

les prépositions elles-mêmes :
A. 1, 2. **B.** 5. **C.** 8, 9, 10. **D.** 13, 14. **E.** 18, 19. **F.** 23, 24, 25. **G. H.** 28, 29. **I.** 32, 33, 35 **J. L.** 38, 39. **M.** 42, 43, 44, 45. **N. O.** 47, 48, 49. **P.** 52, 53, 54, 56. **Q. R.** 59, 60, 61, 62. **S.** 64, 65, 66, 67. **T.** 68, 69, 72. **U. V. Y. Z.** 74, 75, 76.

les locutions prépositives :
A à C. 12. D à I. 37. J à Q. 58. R à Y. 78.

les verbes :
D. 15. E. 20. T. 70.

les locutions à valeur verbale :
A. 4. **B.** 7. **C.** 11. **D.** 17. **E.** 22. **F.** 27. **G. H.** 31. **I.** 36. **J. L.** 41. **M.** 46. **N. O.** 51. **P.** 57 **Q. R.** 63. **T.** 73. **U. V. Y. Z.** 77.

les adjectifs :
A. 3. **B.** 6. **D.** 16. **E.** 21. **F.** 26. **G. H.** 30. **I.** 34. **J. L.** 40. **N. O.** 50. **P.** 55. **T.** 71.

PRESSES CENTRALES LAUSANNE S.A.
Imprimé en Suisse